MAIS FORTE

Luana Génot

Mais forte
Entre lutas e conquistas

Copyright © 2021 by Luana Génot

Grafia atualizada segundo o Acordo Ortográfico da Língua Portuguesa de 1990, que entrou em vigor no Brasil em 2009.

Capa e ilustração
Thiago Limon

Preparação
Julia Passos

Revisão
Valquíria Della Pozza
Gabriele Fernandes

Dados Internacionais de Catalogação na Publicação (CIP)
(Câmara Brasileira do Livro, SP, Brasil)

Génot, Luana
　　Mais forte : Entre lutas e conquistas / Luana Génot. — 1ª ed. — Rio de Janeiro : Objetiva, 2021.

ISBN 978-85-470-0140-7

1. Brasil — Relações raciais 2. Génot, Luana 3. Histórias de vida 4. Mulheres negras — Autobiografia 5. Mulheres negras — Brasil — Condições sociais 6. Racismo — Brasil I. Título.

21-77922　　　　　　　　　　　　　　CDD-920.72

Índice para catálogo sistemático:
1. Mulheres negras : Autobiografia　920.72

Cibele Maria Dias – Bibliotecária – CRB-8/9427

[2021]
Todos os direitos desta edição reservados à
EDITORA SCHWARCZ S.A.
Praça Floriano, 19, sala 3001 — Cinelândia
20031-050 — Rio de Janeiro — RJ
Telefone: (21) 3993-7510
www.companhiadasletras.com.br
www.blogdacompanhia.com.br
facebook.com/editoraobjetiva
instagram.com/editora_objetiva
twitter.com/edobjetiva

Sumário

Sobre ser forte 7

1. Bubi 13
2. Jogando a toalha 23
3. Não é brincadeira 34
4. Negociando com meu "tio" 41
5. Os sinos da Penha 50
6. Conspirando em Vila de Cava 60
7. A revolução do amor 69
8. Você é tão bonita 79
9. Para além do espelho 93
10. Sim, nós podemos 102
11. Identidades do Brasil 111
12. Empreendedorismo, uma jornada nada fofa ... 122
13. 4h27 132
14. Um sonho com data 141
15. Catorze horas 147
16. Pivotando na pandemia 154

17. Vai você 162
18. Um exercício final 167

Agradecimentos 169
Notas 171

Sobre ser forte

Mais forte? Pensei muito antes de decidir o título deste livro. Não quero reforçar ou naturalizar a ideia de que a mulher negra tem que ser sempre forte — e mais forte do que as outras mulheres —, embora eu saiba que muitas de nós sejamos desafiadas a agir e a nos sentir assim em diversos momentos. Luto exatamente pelo oposto e para que as causas dialoguem entre si. Chega de um feminismo que não enxerga mulheres negras e indígenas, não é mesmo? Desejo que chegue o dia em que ninguém vai deduzir de onde somos ou qual a nossa profissão pela cor da nossa pele, pelo nosso gênero, pela nossa sexualidade, por se temos ou não deficiência etc. — e aí não precisaremos ser nem mais nem menos fortes que ninguém. Mas esse dia ainda não chegou, e acredito que para isso precisamos falar do que nos aflige — que é, de certa forma, o que nos torna mais fortes, pois é o que nos desafia, nos tensiona.

Certa vez, eu estava no Beco do Batman, em São Paulo, e naquela exposição de arte urbana a céu aberto encontrei um cartaz colado em um muro que me trouxe uma reflexão. Nele estava escrito: "Moça, faz da tua dor a tua luta". Essa frase curta materializou muito do que eu sentia por ter escolhido um caminho profissional relacionado à promoção da igualdade racial e a busca por um mundo mais justo. Eu não achava correto deixar que as gerações futuras continuassem sentindo na pele o racismo, tendo que usar essa dor como combustível para lutar. É cansativo estar sempre lutando.

Acho isso bem louco. Mulheres negras como eu somos, em geral, preparadas para sermos mais fortes por conta das nossas próprias dores, lidando com questões como o racismo ou o machismo estruturais, e quando conseguimos avançar somos mais uma vez colocadas à prova. É assim quando nos tratam como impostoras por ocupar um cargo de liderança, como se aquele lugar não fosse apropriado para nós. Aí a nossa força não conta? É como se aquela conquista fosse uma concessão do mundo, e não fruto de nossos esforços individuais, coletivos e ancestrais, da nossa competência e sabedoria, e — por que não? — uma reparação histórica.

Muitas de nós, inclusive, fomos privadas de saber que cotas e ações afirmativas, direcionadas a nós para diminuir os obstáculos que já enfrentamos, são um direito, e não um atestado de menor competência. As cotas são uma medida temporária para a correção de desigualdades. Elas se baseiam na associação de competências + cor da pele + gênero e outras variáveis identitárias que foram marginalizadas e enfrentaram barreiras históricas. A resistência a tantas dificuldades, das mais diferentes formas, também moldou nossas existências e os modos como pensamos o mundo. Quando somos convidadas para ocupar um novo lugar, é porque por fim entenderam que sem a nossa competência e experiência não seria possível chegar a novas soluções nesse espaço. O mundo precisa e ganha com a nossa inteligência, sucesso e força. Nosso protagonismo é nosso por direito. Agora é introjetar essa verdade e brilhar na vida.

Mas nem sempre dois mais dois são quatro. Às vezes, o mundo (e nós mesmas) não se dá conta disso. Precisamos nos autoconhecer mais e questionar todos os dias se estamos equilibrando de forma saudável a busca pela fortaleza que existe em nós e a possibilidade de sermos sensíveis e vulneráveis.

Foi pensando nessa ambiguidade que enfrentamos diariamente — quando posso/devo ser mais ou menos forte? — que divido com vocês alguns episódios que me fortaleceram durante a minha trajetória. Espero que outros tantos passos estejam por vir. Assim como Michelle Obama, me sinto numa jornada em curso, estou — como você — me tornando algo novo no exato momento em que você está lendo este livro. Nossas células estão se renovando. O mundo está girando. Por isso, o que é certeza agora pode e deve ser questionado no futuro (e meus dedos já estão coçando para editar o texto que acabei de escrever). Estamos aprendendo e desaprendendo o tempo todo. Entender o quanto ainda temos que conhecer e aprender é muito mais importante do que aquilo que já sabemos. Colocar em xeque o que já conhecemos nos fortalece. Estamos sempre em movimento, querendo ou não.

Quando penso no que me fortalece, reflito sobre minha busca por mais informações sobre a minha família e as minhas raízes. Busco no passado a inspiração para construir o futuro. Revisito momentos da minha infância e percebo que episódios tidos como brincadeira não eram, na verdade, tão banais quanto me diziam. Eram fruto do racismo estrutural. Escrevendo estas linhas, posso ouvir os sinos da igreja da Penha que embalaram minha infância e adolescência; eles refletem o caldeirão religioso que é o bairro onde cresci e também a base das minhas crenças, algumas com as quais, inclusive, precisei romper. Foi com minha mãe me dizendo que eu devia usar minha própria voz para concretizar minhas vontades que saí do casulo e da minha zona de conforto. Da juventude, lembro da busca incessante por autoestima. Eu tirei minha força de tudo isso, e aprendi — e aprendo a cada dia — a lidar com as minhas fraquezas.

No desenrolar da minha história, percebi que era uma negociadora, encontrei os melhores amigos que a vida podia me dar, me descobri uma mulher bonita — sim! — com uma voz gigante, que quer fazer ecoar seu grito. Também quero mobilizar outras pessoas, não quero ir sozinha, e desse desejo nasceu o Instituto Identidades do Brasil, que luta por igualdade de oportunidades no mercado de trabalho para pessoas negras em suas mais diversas identidades.

Já entendi que minha vida não é um tiro curto, mas uma maratona, e precisarei dosar o ritmo, respirar, calibrar minhas forças para não desistir. Em meio a tudo isso nasceu Alice, meu pequeno grande amor, e comecei a correr também a maratona materna do amor infinito e das noites de sono maldormidas.

Veio a pandemia e descobrimos que não estamos todos no mesmo barco, só no mesmo maremoto. Entendo ainda mais que a vida é um sopro, vejo amigos e amigos de amigos partirem diante de um vírus de efeitos tão inusitados. E eu, agora uma empresária no processo de fortalecer uma organização relativamente nova, entendi quando o mundo clamou que vidas negras importam que já era hora de me reinventar de novo. George Floyd foi um marco em vários sentidos, e você vai entender por que ao longo da leitura.

Este livro foi escrito em processos de absoluta catarse, em plena pandemia. Estou aqui abrindo meu coração e desejo que esta seja uma troca de muito aprendizado. Espero que estas histórias tão íntimas fortaleçam e inspirem. É obvio que cada história é única e incomparável, mas acredito que nossas narrativas se complementam. Espero que nossas trajetórias se conectem de alguma forma e que vocês se sintam convidados e convidadas a refletir sobre os acontecimentos que moldam e desafiam as suas próprias trajetórias. Ao longo do percurso, vou fazer algumas perguntas. Sou curiosa mesmo, mas espero que elas provoquem vocês a pensar sobre algumas coisas.

Aprendi com a minha mãe que as grandes conquistas moram nos detalhes, e é aí que mora o nosso autoconhecimento — e é no autoconhecimento que entendemos melhor quais são as nossas forças e fraquezas e como lidar com elas.

1. Bubi

Na minha certidão de nascimento não consta cor, mas fui empretecendo com o tempo. Hoje, eu me autodeclaro preta — segundo as opções do Instituto Brasileiro de Geografia e Estatística, o IBGE — não só pela quantidade de melanina na pele, que gradativamente foi ficando mais visível para mim e para o mundo, mas eu empreteci no pensamento também. Me enxergar como negra foi muito mais tarde. Notar a cor de pele preta que eu tinha não chegou a me causar dúvidas quando criança, mas saber que essa cor me conectava a uma série de narrativas que iam além da minha família e influenciava as opções que eu teria, isso eu descobri depois. Mais especificamente, aos dezoito anos.

Hoje, percebo que esse desabrochar é um processo em curso. Tem sido transformador continuar nessa corrida, que inclui ainda a passagem de bastão pela valorização coletiva da narrativa de ser mulher e negra (a soma dos pretos e pardos no Brasil). Digo que é uma corrida de revezamento porque não começa comigo e, acredito, também não terminará comigo ou na minha geração — cada pessoa contribui do seu modo, se inspirando em quem vem antes e passando o bastão para quem dará continuidade a essa jornada.

Por falar em idade, tenho a mesma da última Constituição brasileira. É só fazer as contas, não vou entregar quantos anos eu tenho assim de bandeja. Para mim, a Constituição e eu não somos contemporâneas por acaso, temos algo em comum: estamos conectadas pela luta em prol da igualdade de oportunidades e pela igualdade racial, princípios constitucionais básicos. No entanto, também temos divergências. A Constituição cidadã, a partir de determinado momento, apagou o quesito cor das certidões de nascimento por entender que todos "somos iguais". Como aconteceu em países como a França, ainda que esse apagamento tentasse representar um ideal de igualdade, na prática, na minha visão, apenas varreu para debaixo do tapete as desigualdades, mais do que visíveis, que até hoje compõem a nossa realidade. Não falar em cor e raça não resolve o problema do racismo estrutural. A luta agora é fazer com que os bons valores que formam nosso pacto social sejam mais do que um ideal — sejam válidos na prática.

Nasci no dia 11 de outubro, segundo minha mãe exatamente às dezenove horas, numa maternidade na Tijuca, na Zona Norte do Rio de Janeiro. Ela me deu à luz em uma cesariana porque o médico lhe disse que eu estava sentada e não conseguiria sair de modo natural. (Será que realmente não havia condições de fazer um parto normal? Ela se questiona até hoje, afinal, estamos no país que se acostumou a industrializar os partos.) Sou a filha única de Ana Cristina e a quinta (eu acho) de Luiz Carlos. Digo "acho", pois há rumores de que ele tenha tido mais filhos, mas nem ele sabe ao certo. A escolha do meu nome também não foi aleatória: Luana é a junção de Lu (de Luiz) com Ana. Uma fusão de nomes para além da fusão dos corpos.

Segundo minha mãe, fui planejada. Antes de pensar em filhos, ela preferiu se estabilizar financeiramente e comprar um apartamento. Quando eu nasci, ela tinha dois empregos fixos: era funcionária pública num posto de saúde na Cidade Alta, na Zona Norte do Rio de Janeiro, e na enfermaria de um hospital em Niterói. Ela acabara de adquirir um apartamento próprio (parcelado) em Jacarepaguá, estava apaixonada pelo meu pai e tinha renda para se manter com algum conforto. O cenário perfeito. Ou quase. Papai, o "sincerão", conta que até tentou, mas seu espírito aventureiro gritou mais alto e ele preferiu não se fixar num só relacionamento. Marinheiro de profissão e de coração, queria ter a liberdade de navegar de porto em porto, passar de porta em porta das muitas mulheres que teve. Dona Ana, mais séria e evangélica fervorosa (quando eu nasci, ela era católica, mas me contou que logo após meu nascimento se converteu), não admitia "bagunça", e a relação acabou ficando com o status de uma boa amizade, entre tapas e, de vez em quando, alguns beijos, como é até hoje.

Tudo isso fez com que eu leve a marca de ter sido criada por duas mulheres: minha mãe Ana e minha avó Anna. Com meu pai, aprendi a duras penas a conviver à distância, apesar de haver uma certa frequência entre as suas visitas. Ele sempre esteve presente nas cerimônias mais "bacanas" da minha vida, como formaturas, aniversários, meu casamento e nas várias viagens que organizamos, sempre com mamãe, vovó e Louis, meu marido — fomos para Portugal, Marrocos, Bélgica, Estados Unidos, Inglaterra e França. Aprendi a apreciar os nossos (escassos) tempos juntos como trocas bastante sinceras, ainda que não concordemos em tudo. Mas ok.

Quando o assunto é base e proximidade, falo das donas An(n)as, que são parte de mim. Aprendi com elas no dia a dia a ter disciplina, ousadia, determinação e paciência, esta última forjada especialmente pelas noites e noites em que esperava a minha mãe voltar dos seus longos dias de trabalho, que algumas vezes eram ainda complementados por bicos como esteticista. Isso sem mencionar outros bicos que ela fazia antes do meu nascimento: boleira, manicure, entre outros. Dona Ana é inquieta, inventiva — sempre dá um jeito de resolver as coisas, e, quando falta algo, ela improvisa —, além de caprichosa.

Com ela também aprendi a sempre ser a mais arrumada em festas e compromissos. Na época eu não sabia disso, mas depois entendi que existe uma mescla de racismo e machismo estrutural que força as mulheres, especialmente as mulheres negras, a terem que se mostrar as mais arrumadas e mais fortes para serem valorizadas, ou pelo menos não serem sub-humanizadas. Depois percebi que nem a roupa bonita garantia valorização ou tratamento humanizado. Mas mamãe fazia questão de que eu estivesse sempre muito arrumada, mesmo que fosse só para ir à padaria. Minhas fotos de infância não me deixam mentir. Ela caprichava mesmo.

Com a separação do meu pai mais oficializada, mamãe deixou seu apartamento e voltou a morar com a vovó na Cidade Alta, onde ficamos por uns três anos, até eu ter cerca de quatro anos. Logo na sequência, nos mudamos para a Penha, para um apartamento recém-comprado por minha mãe, e, lá sim, eu passaria boa parte da infância e da adolescência. A Cidade Alta foi importante por minha mãe estar mais próxima da sua rede de apoio, incluindo sua amiga Célia, filha de dona Ioná, que se revezavam com a minha avó para me levar à escolinha. Na minha infância, vovó já havia se aposentado após uma longa jornada de mais de trinta anos também como servidora pública. Ela trabalhou por anos na cozinha de um hospital na Gávea e depois conseguiu ser promovida para a área administrativa, longe do "caldeirão". Diz que sempre foi abusada. Quando os médicos queriam interferir no menu, ela declarava que só aceitaria direcionamentos da nutricionista: eles que procurassem outro restaurante se o que viesse da cozinha do hospital não estivesse do seu gosto.

Aprendi a sempre escutá-la com curiosidade, mesmo quando as histórias se repetiam. Suas memórias são parte de quem eu sou e, ao ouvi-las mais de uma vez, percebia que volta e meia surgia um novo detalhe, o que dava novas dimensões às suas narrativas. Das suas mil e uma histórias, que ela só conta quando quer (não há quem a faça falar à força), há uma de que gosto muito: uma vez, vovó foi ao banco receber seu pagamento e havia uma senhora branca atrás dela, na fila. A mulher a cumprimentou e de supetão perguntou se ela não gostaria de ser sua empregada doméstica. Vovó lhe respondeu: "Estou procurando quem trabalhe pra mim. A senhora conhece alguém?". Sim, vovó pode ser o deboche em pessoa. Nesse dia, ela não tinha um tostão no bolso e estava no banco justamente para resolver um problema com seu pagamento. Mas ela sabia que não devia baixar a cabeça para ninguém, especialmente para uma senhora branca. Vovó sempre tem a resposta para tudo na ponta da língua, mas o racismo nunca foi uma pauta presente em nossas conversas. Aparecia indiretamente. Hoje fico feliz em saber nomeá-lo. Saber o nome do nosso inimigo nos ajuda a encontrar estratégias melhores para vencê-lo. As histórias que vivemos juntas e as que ela me contou me fortaleceram e me deram uma ótima base e repertório.

Quando penso na mamãe e na vovó, duas mulheres que são para mim referências diretas, penso também nas tantas outras mulheres da minha família que não conheci (ou que conheci pouco). Como Ludovina, minha bisavó, e Marly, minha tia-avó. Ambas faleceram quando eu era bem pequena, mas são sempre citadas por mamãe e vovó como donas de personalidades fortes. Não duvido. "Quem sai aos seus não degenera", completaria minha avó, sempre munida de um ditado. Quando fico imaginando como eram, o que faziam, visualizo logo um baobá, com sua base forte e sólida, e sinto mais vontade ainda de conhecer minhas raízes. Fico então pensando também nas que vieram antes. Porque se mamãe e vovó não baixam suas cabeças diante das situações mais duras, certamente houve quem as tenha ensinado e inspirado a ser assim. Me lembro de ter perguntado diversas vezes sobre como eram Ludovina e Marly e se minha avó tinha lembranças de sua avó. Nunca consegui extrair tantos detalhes como gostaria. Sou bastante curiosa. Então, o que tenho é um quebra-cabeça ainda incompleto.

Durante minhas entrevistas em busca de informações, quando olho fundo nos olhos delas, sinto que há dor ao falar do passado. Há muitas histórias ocultas ou mal contadas que eu adoraria desvendar, mas tem momentos em que escolho respeitar seu silêncio.

Diferentemente da vovó, minha mãe se sente mais à vontade para falar. É a primeira a reforçar a dor — que sente até hoje — que foi viver o processo de remoção da favela da Praia do Pinto, que era bem próxima ao parque Proletário do Leblon, na Zona Sul do Rio de Janeiro, onde ela morava quando criança.[1] Durante sua infância, ela podia ir à praia a pé e adorava a escola em que estudava. É com lágrimas nos olhos que ela fala sobre o incêndio criminoso e intencional que mudou os rumos da sua vida. "A ideia era tirar os pretos e pobres do Leblon. Contam que a ex-deputada Sandra Cavalcanti estaria envolvida no processo de remoções da favela, respeitando os planos de valorização imobiliária do Leblon e de bairros vizinhos durante o governo Lacerda", ela me diz.

Fui procurar saber mais sobre o fato. Segundo li, entre 1968 e 1973, "a Coordenação de Habitação de Interesse Social da Área Metropolitana (Chisam), autarquia do governo federal, em conjunto com o governo da Guanabara, executou o maior programa de remoção de favelas na história da cidade do Rio de Janeiro". Foram removidos, total ou parcialmente, mais de 175 mil moradores de 62 favelas, entre elas a da Praia do Pinto. Essas pessoas foram transferidas para novas unidades habitacionais, a maioria delas localizada nas zonas Norte e Oeste, como Cidade Alta, Quitungo-Guaporé, Cidade de Deus, entre outras.[2] Eu achava isso difícil de visualizar até rever as primeiras cenas do filme *Cidade de Deus*, que conta um pouco sobre a criação da favela.

Quando consegui conectar minhas próprias histórias familiares a um contexto maior e não isolado, várias coisas começaram a fazer mais sentido. Durante minha infância, eu costumava acompanhar minha avó em suas visitas a amigos e familiares na Cidade de Deus ou em Bangu. Hoje entendo que eram todos ex-vizinhos, gente que desde o incêndio e a consequente remoção da favela teve que se dividir e morar em outras localidades; esse é um assunto que volta e meia virava pauta das conversas que eu ouvia. Comentários saudosos não eram incomuns: "Ah, que saudade da nossa Praia do Pinto".

Ainda que eu não tenha morado numa favela na infância ou na vida adulta, a minha história está diretamente ligada à das favelas cariocas e seu triste histórico de remoções, violências simbólicas e materiais, além de muita resistência. Porque resistir a situações como essas não é pouca coisa. Já diria uma grande amiga, Samantha Almeida: "Não tem como se achar uma impostora ao ocupar um cargo de liderança quando se entende sua história por completo. Ocupar todos os lugares é um direito; no nosso caso é resistência somada a competência". Entender a resistência física e mental que minha família, ao longo de sua jornada, teve que enfrentar de cabeça erguida e com um sorriso no rosto, vivendo dores e filtrando o que queria compartilhar comigo, me faz entender que toda posse material e imaterial nos é devida e é de direito. Tanto que até hoje, e com razão, minha mãe sonha em reivindicar sua casa no Leblon.

Recentemente, fuçando documentos antigos, achei a carteira de minha bisavó Ludovina Soares do Instituto de Puericultura Martagão Gesteira, local onde trabalhava. Foi assim que descobri o nome de minha tataravó, Laura Soares, nascida em 1908 e sem registro de filiação paterna. E não há mais documentos além desse. Ao tentar ir um pouco além, esbarrei em um Brasil que oficialmente escravizava negros até 1888 e que apagou muitos dos registros dessas pessoas — não apenas de onde vinham, mas também seus nomes, já que a maioria ganhava os sobrenomes dos seus senhores para ratificar a posse —, uma forma de desumanização dessas pessoas e de suas histórias.

Perceber que não ter memória, registros e documentos não vinha da falta de vontade dos meus familiares de falarem a respeito do seu passado, mas de um apagamento histórico que a escravidão, o tráfico negreiro atlântico e, mais recentemente, as remoções das favelas provocaram em milhões de famílias de escravizados negros e seus descendentes, foi outra grande virada de chave para mim. Conseguir mapear a origem de sua família, ter um arsenal de histórias e até de receitas passadas de geração em geração, infelizmente é um privilégio concentrado em geral entre meus amigos brancos. Sei também que há entre amigos indígenas tradições orais que vão sendo compartilhadas entre gerações, e que há muitos amarelos que conseguem mapear seus ancestrais. Aprendi isso após começarmos a incluir no prêmio Sim à Igualdade Racial indígenas entre os indicados, para lutarmos juntos contra a invisibilidade. Em 2020 ganhei um presente, a possibilidade de criar junto aos diretores Shirlene Paixão e Jorge Espírito Santo e apresentar o programa *Sexta Black* no canal GNT, no YouTube, que permitiu que eu me conectasse com as trajetórias de várias pessoas, pois a autodeclaração servia como fio condutor de um bate-papo sobre identidades e histórias de vida. Foi fantástico.

Quando olho para a minha família, me orgulho de saber que resistimos ao apagamento e a tantas outras dores. Mas não queremos ser tão fortes para sempre. Queremos nossas memórias resgatadas e respeitadas. O passado é lugar de referência, não de permanência. Olhando para o passado entendemos as nossas bases, e com essa compreensão poderemos decidir o que desenhar no futuro.

Ainda estou em busca de saber mais sobre a minha árvore genealógica. E nessa jornada outro marco de suma importância para mim foi ter ganhado do meu esposo, em um aniversário recente, um teste de DNA chamado African Ancestry para detectar minha herança materna. Mal pude segurar a emoção quando recebi o resultado: "Querida sra. Génot, é com grande prazer que a análise MatriClan identificou, a partir da sequência de seu DNA mitocondrial (mtDNA), que você tem ancestralidade do povo Bubi da ilha de Bioko, na Guiné Equatorial. Você herdou esse DNA de sua mãe, e ele passou consistentemente de mães para filhas ao longo dos últimos quinhentos a 2 mil anos. Então esses genes são únicos da sua linhagem materna".

Fiquei emocionada ao ler isso. Pode parecer bobo para quem já tem sua história mapeada, sabe que sua bisavó fez isso ou aquilo, seu tataravô teve tal profissão. Para quem teve seus registros apagados e tem memórias familiares dolorosas, essa informação é preciosa. Talvez queira dizer que parte das pessoas relacionadas à minha família materna tenha vindo da Guiné Equatorial antes de ser escravizada. São hipóteses que compartilho com vocês, e fiquem certos de que minha busca continua.

Mesmo que haja histórias de amor e de dor, é importante visitar o passado e entendê-lo como uma referência. Então, eu te pergunto: você conhece o passado de seus familiares? De onde eles vieram? Que profissão exerceram? Quais eram seus hábitos?

Você conhece seus direitos? Sabia que cotas para negros, indígenas e mulheres não são favor ou desmerecimento intelectual, mas sim um direito e uma reparação histórica?

2. Jogando a toalha

Todas as manhãs, eu cumpria uma espécie de ritual na hora do banho: ainda com o corpo molhado da água quentinha, acarinhava meu "cabelo" longo e macio. Balançava-o de um lado para outro. Orgulhosa, me olhava no espelho e me achava linda... Isso até ouvir "Filha, vem tomar café!".

Esse momento de felicidade nunca durava muito. O chamado de minha mãe sempre acabava com meus minutos de beleza. Então, eu tirava a toalha da cabeça e me deparava com um cabelo que não era longo, não balançava, não tinha volume. Por causa dele, eu tinha vergonha de ir à piscina ou à praia. Não aguentava vê-lo encolher e ficar num formato diferente dos cabelos lisos e pesados das minhas amigas. Não conseguia sequer fazer um rabo de cavalo ou prendê-lo com um elástico, e isso me causava muita frustração. Por que a toalha não podia ficar grudada na minha cabeça? Por que meus cabelos não cresciam como os das outras garotas?

Um belo dia, tive uma ideia. "Vou cortar um tufo do meio da cabeça, onde tem um pouco mais de cabelo, e trançar na parte da frente para aumentar o comprimento." E assim eu fiz. Sempre fui complexada com minha testa, que achava grande. Minha mãe (ela, sempre ela) exaltava minha beleza, mas nunca negou o tamanho da testa. Dizia que era porque eu tinha um cérebro grande e era inteligente. Coisas de mãe. Eu ria, mas não achava graça. Tinha certeza de que com a toalha e uma franja tudo seria melhor na minha vida: teria mais amigos, seria mais popular, mais bonita e mais aceita. No fundo, eu queria parecer pelo menos um pouco com as minhas maiores referências de beleza da época: a boneca Barbie, as Paquitas e as apresentadoras da TV, todas brancas e loiras. Cheguei a fazer um autorretrato me colocando como loira, e a professora só corrigiu os erros de português da legenda, sem problematizar os possíveis impactos daquilo na minha autoestima. Você pode achar que essa é uma realidade dos anos 1990, mas pelo contato que tenho com as jovens de hoje, sei que representatividade ainda é uma questão.

Apesar de atualmente a internet trazer mais referências de beleza negra, as séries e os conteúdos infantojuvenis mais acessíveis e distribuídos para a massa ainda são pautados pela predominância de protagonistas brancos com cabelos lisos, que reproduzem padrões que ainda não dialogam com a maior parte do nosso Brasil. Ou seja, houve avanços, mas ainda temos muito a fazer.

Voltando para a minha superideia, cortei o tufo e o entrelacei com meus cabelos da frente. Fiquei com uma mecha tão grande que consegui até sentir os cabelos na boca. Eu podia mastigá-los, se quisesse. Volta e meia eu colocava os fios na boca. Para mim, era uma conquista, uma espécie de troféu. Mas ainda assim os fios não balançavam. E se eu entrelaçasse mechas em todo o meu cabelo para que fosse mais longo? Seria uma felicidade! E se pusesse mais creme, ficariam pesados e balançariam? Foram várias experiências. Tentei de tudo, mas nunca chegava a um resultado que ficasse do jeito que eu queria.

Na adolescência, sempre tive fama de "atrasilda". E eu era mesmo. Injustificável querer ter uma desculpa para os atrasos, mas mal sabiam meus amigos que eu passava um tempão tentando dar um jeito no meu cabelo para fazê-lo ficar o mais comprido e cacheado possível, escondendo a raiz crespa, mas dificilmente eu ficava satisfeita. Eu aplicava quilos de creme e penteava, penteava. Sempre parecia ralo. A franja nunca ficava como eu queria. Eu saía de casa torcendo para que ninguém me notasse e, ao mesmo tempo, achando que todos estavam reparando no meu cabelo. Eu tinha medo de que tocassem nos fios e percebessem que estavam mergulhados num creme grudento. Cada vez que alguém encostava no meu cabelo tinha que lavar a mão, e aquilo era motivo de muito constrangimento para mim. Como eu ia arranjar um namorado? Ele não vai nem poder tocar no meu cabelo...

Em alguns dias, batia o desespero e eu gritava: "Manhêêêêêê!".

"Ok, filha, vamos passar o Toin, creme do Netinho de Paula, para ver se dá jeito."

"Vamos no salão em Caxias, uma amiga disse que é ótimo."

"Comprei babosa e óleo de rícino... Vamos tentar?"

Eca, que cheiro ruim, eu pensava, mas deixava minha mãe passar o produto. Qualquer coisa que prometesse estimular o crescimento do meu cabelo ou fazê-lo ter um aspecto menos crespo e chegar o mais próximo do movimento que as toalhas tinham valia a pena.

"Vamos num salão que abriu no centro da cidade e tem produtos importados?"

"Vamos no salão de duas irmãs em Bonsucesso que são incríveis?"

Lembro bem desse último. Oferecia uma série de tratamentos que deviam ser feitos em sequência. Primeiro, nos sentávamos e esperávamos por muito tempo, pois o salão estava sempre cheio.

Depois, a cabeleireira passava a química e colocava os bigudinhos... Ah, como doía! Por fim, o alívio com a lavagem e a aplicação do creme. Com os cabelos ainda molhados e brancos de tanto creme, ficávamos aguardando o produto secar para sair do salão, para não chamar muita atenção. Enquanto isso, folheávamos revistas que traziam referências de cabelos de mulheres negras nos Estados Unidos. Que cabelos lindos elas tinham. Grandes e volumosos... Como faziam? Pena que não nasci lá para ter esses cabelos tão perfeitos, eu pensava.

"Vamos na amiga de uma moça lá da igreja que faz um tratamento que ajuda a crescer?"

Desse também tenho lembranças, e bem traumáticas. Saí de lá com o cabelo preto e cortado, sendo que eu não queria nem pintar nem cortar. Que decepção. Tudo parecia ir na contramão dos meus desejos. A toalha era tão mais simples e rápida... Pena que me faria parecer ridícula na rua.

"Vamos experimentar o Beleza Natural, uma rede de salões que tem um tratamento que deve ser feito a cada dois meses? Só podemos usar os produtos de lá, mas dizem que são ótimos."

E lá fomos nós. Não é que lá eles cresceram mais? Mas ficamos reféns dos produtos, dos tratamentos e do cheiro... Ah, o cheiro! No início, achei ótimo, mas com o passar do tempo ficou enjoativo.

A verdade é que não havia grandes redes de salões para cabelos crespos, e os especializados usavam, em sua maioria, muita química. Fora a falta de tutoriais como os que temos hoje na internet, que ensinam ou inspiram o cuidado com os crespos.

Na época, muito antes de ter acesso a mais informação, eu me sentia cansada. Essa saga era mesmo necessária? Para que tantos tratamentos e experimentações com meu cabelo? Tudo isso começou muito cedo, na infância, e durou 22 anos da minha vida. Até que chega! Eu não aguentava mais.

Cansei de gastar tempo e dinheiro. Sem contar que, de todas as opções, a toalha continuava sendo a mais barata e a que me dava mais felicidade. E ainda por cima não queimava minha cabeça como muitos daqueles cremes e procedimentos infinitos. A questão é que por muito tempo nos educaram a achar que esses recursos eram uma necessidade, não uma opção.

Minha decisão de romper com tudo aquilo teve um motivo: corria o ano de 2012 e eu havia recebido uma bolsa de intercâmbio para estudar nos Estados Unidos. Logo pensei: se eu mudar meu cabelo ninguém vai saber... Vou cortar bem curtinho e descobrir sua textura natural. Vislumbrei ali uma oportunidade. Senti que tinha chegado a hora de parar com tanta química, até porque eu não sabia se teria acesso a ela fora do Brasil. Eu pretendia focar nos estudos e não ficar procurando produtos, até porque sempre me diziam que se usasse o errado meu cabelo ia cair. Não queria mais ser uma refém. Era agora ou nunca!

Que medo. Tremi na base quando cheguei num salão, determinada a cortar e tirar toda a química. Até esse momento eu não conhecia a textura real do meu cabelo. Pode parecer bobo, mas é horrível ter medo de você mesma. É como se eu estivesse num encontro com um desconhecido que, nesse caso, era uma parte de mim. Isso diz muito sobre um processo de autoaceitação negligenciado ou postergado, no qual aprendemos a nos considerar feias e nos forçamos a tentar achar o contrário.

Me sentei na cadeira do cabeleireiro e ele logo perguntou: "Você sabe o que vamos fazer aqui?". Eu disse "sim" com a voz trêmula. Ele continuou: "Vamos cortar todo o cabelo com química e deixar só a parte natural. Vai ficar bem pequenininho e você vai descobrir uma nova realidade. Vai ficar ainda mais linda. Está pronta?".

Me agarrei na cadeira como se fosse tomar uma injeção dolorosa — no caso, uma injeção de realidade. Mergulhei nessa piscina de incertezas sobre a minha nova aparência. Dei o ok para que ele começasse. Tic, tic, tic... Meus fios com textura estranha e sem forma estavam indo embora. Eu os havia nutrido tanto com cremes, tempo e dinheiro... Senti como se estivesse cortando uma parte de mim, o que me deu um misto de tristeza e expectativa. Fechei os olhos. Não sabia se estava pronta para ver o resultado.

De olhos fechados e tentando convencer o meu inconsciente, eu dizia a mim mesma: "Cabelo curto é lindo. Cabelo crespo é lindo. Ele não balança, mas tudo bem. Meu cabelo é uma coroa". Esse mantra me fez perceber que, na verdade, eu havia assimilado que ser mulher pressupunha ter um cabelo comprido que balançasse. Logo, por eu não ter isso, era como se fosse menos mulher. Meu ato era uma subversão a essa ideia.

Fim do corte, abri os olhos bem devagar e me vi como uma mulher que eu nunca havia visto, com a testa descoberta. Eu teria que aprender a aceitá-la e a conviver com ela. Meu primeiro reflexo foi passar a mão na cabeça e sentir a textura dos fios. Eram bem crespos e finos, muito mais macios que a minha a toalha da infância. Mas eram inertes, poderiam segurar um pente se fosse enfiado entre eles. E isso não significava que eram fortes. Eram apenas densos e tinham uma forma de mola bem pequenininha. Eram como um tapete que cobria a minha cabeça.

Passei alguns minutos estupefata na cadeira do salão, olhando para o espelho nesse encontro tão desejado e, por que não dizer, corajoso. Não foi tranquilo e, para ser sincera, eu não sabia como sairia porta afora sem sentir vergonha. Demorei um pouco para me levantar.

O cabeleireiro me deu um garfo de cabelo e perguntou se eu queria arrumá-lo do meu jeito. Mas eu não sabia o que fazer. Não tinha referências. Não sabia sequer pegar no garfo direito. Aliás, ele também não sabia muito bem. Nas fotos penduradas na parede do salão e nas revistas oferecidas para as clientes passarem o tempo, não havia muita gente que se parecesse comigo. Era uma profusão de cabelos lisos — sempre eles, as maiores referências dos salões de beleza, o padrão hegemônico. Já percebeu que a maioria dos profissionais dos salões te pergunta logo se você quer fazer escova ou luzes? Não deveriam se chamar salões de beleza, mas sim salões de embranquecimento capilar. Todas as vezes que fui a salões que não eram especializados em cabelos cacheados ouvi a sugestão: "Vai uma escova?". E eu sempre dizia não. Meu cabelo não é de escova. Sempre gostei (ou aprendi a gostar) de texturas mais cacheadas. Mas minha textura crespa eu estava apenas começando a conhecer. Quando via referências de mechas cacheadas, nenhuma delas era crespa como o meu cabelo. Todas tinham cachos mais abertos, comprimentos mais longos, e as peles, em geral, eram mais claras. Eu não me sentia representada. O que, inclusive, ainda é uma questão. Os cabelos crespos continuam marginalizados.

Começava ali a minha luta contra a ditadura dos cachos volumosos, porque ela também existe: como se a única alternativa ao liso fosse aquele tipo de cacho.

De mala e cuia e com meus cabelos crespos, lá fui eu para os Estados Unidos. E para um de seus estados mais frios: Wisconsin, na cidade de Madison. Chegando lá, o primeiro susto. Descobri que a maioria dos cabelos que eu admirava nos books dos salões que frequentei durante a infância e a adolescência, e que eu achava que eram naturais, eram na verdade *laces*, perucas.

Conversando com algumas amigas que fiz na época, entendi que muitas usavam *laces* pela "praticidade" e porque não queriam os cabelos molhados no inverno, o que no calor do Rio de Janeiro não era uma questão. O oásis dos cabelos perfeitos e naturais para mulheres negras vendido pelos books era uma distorção. Eles não eram tão naturais quanto eu pensava (mas aparentavam ser bem naturais, pela qualidade). Assim, comecei a trocar a palavra "perfeição" pela frase "apenas uma opção de mudança de visual imediata e prática". Curiosa, comecei a seguir mais Beyoncé, Rihanna e outras divas pop que mudam de cabelo na velocidade da luz.

Durante minha estada nos Estados Unidos, encontrei muitas mulheres com uma base capilar crespa, semelhante à minha, mas que tinham tido mais opções para variar o visual ao longo da vida e se acostumado com essas possibilidades. Algumas haviam passado por rituais dolorosos com químicas, como eu, mas a maioria tinha experimentado *laces* e tranças de diferentes cores, tamanhos e formatos.

No entanto, também pode ser dolorosa a aplicação de tranças, dependendo do quanto são apertadas. Elas podem causar alopecia, que é a perda de cabelos, em especial na parte da frente da cabeça, além de coceiras no couro cabeludo, o que fazia muitas meninas ficarem dando pancadinhas na própria cabeça para aliviar a comichão. Isso sem contar o peso para quem não está acostumada. Mais tarde, quando me permiti experimentar o estilo trançado, passei por um episódio em que tive que desfazer o penteado em menos de 24 horas porque a dor e o peso eram enormes. Diva mas dolorida não dá pra mim.

No fim, acho que todas nós passamos por questões parecidas, porém por processos diferentes. Entre as amigas que fiz lá, elas tinham muito menos tabus para falar sobre o assunto. Em meio a convergências e divergências, percebi que grande parte delas teve mais acesso do que eu tive a diferentes referências estéticas para pautar e inspirar uma mudança contínua no visual.

Passei um ano com meu cabelo natural com sucesso. Eu praticava natação e saía com ele molhado num frio que podia chegar a menos quarenta graus Celsius. Experimentei uma série de cremes, descobri faixas, turbantes e novos penteados. Me distanciei da química e mergulhei de cabeça nessa nova realidade. Agora, eu me permitia nadar e sair com meus cabelos naturais, curtos e estáticos, me sentindo plena. Foi um processo e valeu a pena ter passado por ele. Descobri um novo eu cheio de coisas que aprendi a amar e outras nem tanto — ainda acho que meu cabelo não cresce na base da cabeça tanto quanto no topo, mas ele continua sendo lindo mesmo assim.

Meu cabelo é uma coroa, às vezes cheia, às vezes murcha, às vezes inclinada, mas é minha coroa. A química não é mais uma necessidade, mas pode, sim, ser uma opção. Entre as coisas que mais passei a apreciar está a beleza da possibilidade de transitar por vários estilos e saber o motivo das minhas escolhas. Por que eu havia transformado um desejo em uma necessidade que, inclusive, me impediu de fazer várias coisas, como nadar ou sair porque o cabelo estava feio? A dependência química capilar me aprisionava. Bem diz dona Ana para sempre nos atentarmos aos detalhes. Mas nem sempre é fácil.

De volta ao Brasil e à minha realidade, a toalha já estava bem longe do meu imaginário de beleza. Olhando em perspectiva, consegui jogar a toalha na toalha. A toalha tornou-se um fato risível, uma piada, mas eu sei que ela fez e faz parte da vida de muita gente, e isso precisa ser discutido. Ter me permitido mudar me fortaleceu. Eu percebi que me projetar em modelos capilares de mulheres brancas faz parte de um racismo estrutural que centraliza nossas referências de cabelo saudável e bonito em fios lisos. Usar meu cabelo crespo é, para mim, uma espécie de insurreição.

Hoje em dia eu continuo descobrindo e testando cremes e rituais, mudando o visual, alternando entre o cabelo crespo e com tranças, me permitindo diferentes colorações e cortes, coisas que por muito tempo me foram negadas como possibilidade. Profissionais me diziam que o cabelo crespo era mais sensível a tinturas, ainda mais porque eu usava outra química de base, mas eu fui buscando informações, ainda com medo de estragar meu tão sonhado e cultivado crespo, que crescia bem devagar, ou melhor, no seu ritmo. Não queria botá-lo a perder.

Cheguei até a trabalhar em uma multinacional de produtos de beleza. Na época, transitando entre profissionais da área, aprendi ainda mais sobre cabelos e sobre o engessamento de profissionais quando o assunto é crespos. Entendi que meu cabelo não precisa ter um volumão, apesar do discurso contra a ditadura do liso acabar caindo na dos cachos volumosos, como se todo cabelo não liso se comportasse igual.

O meu não é megavolumoso. Ele não é cacheado. É crespo e estático. Não vira um superblack power a não ser que eu use muito secador nele. E esse processo também não deve ser obrigatório. As pessoas ainda se espantam quando veem a diferença do meu cabelo com o secador e sem. Quando está molhado, me perguntam se eu o cortei. Entre tapas e beijos com o secador, meu cabelo é assim. É lindo.

Sigo meu caminho aprendendo, me permitindo fazer novas descobertas e criticando tudo que, a meu ver, impede mulheres de amarem seus cabelos como são e de transitarem por diferentes estilos. Eu hoje entendo e amo (porque aprendi a amar) meus cabelos crespos. Mas também posso voltar a usar química, usá-lo liso, ficar careca ou fazer tranças se eu quiser. Qual será o próximo estilo? Não sei. Mas de vez em quando me jogo e me desafio a assumir outro visual, entendendo todos como opções e amando a base, que em breve estará grisalha.

Não gosto do termo "cabelo normal" porque ele engessa a percepção de que cabelos normais estão atrelados a um tipo que, no caso, são os lisos. Logo, os anormais são os não lisos, embora isso não seja dito, abalando a autoestima de muita gente. Essa beleza mais aprisiona do que liberta.

Meu mantra atual é: permita-se ser, transitar, questionar e até jogar fora tudo que parecer aprisionador. Sem esquecer de entender quais lições tudo isso te ensinou e como te fortaleceu.

> *Ao se olhar no espelho, o que o seu cabelo, o seu corpo e as suas marcas falam sobre você e sua história? Essas falas te orgulham ou te envergonham? Por quê?*

3. Não é brincadeira

Triiiiiim, triiiiiim. Que saco! Lá vinha o despertador de novo me tirar da cama quentinha. Como eu era apegada ao meu travesseiro... Nesse ponto, nada mudou mesmo com o passar do tempo. Desde que me entendo por gente sempre amei dormir. Despertar é um longo processo. Sabe aquele pedido de prorrogação, ou de prorrogação da prorrogação? Essa era eu negociando com a minha mãe. Assim, negociação foi algo que aprendi em casa desde cedo. Dona Ana era a juíza que dava fim à prorrogação do meu sono. No Rio de Janeiro, chamamos carinhosamente a possibilidade de extensão de alguma coisa de "chorinho". Ela era mais disciplinada do que eu porque sempre acordava cedo para ir trabalhar no hospital — e tinha o árduo papel de interromper meu "chorinho", continuando o processo que o despertador, sozinho, não era capaz de terminar: me fazer largar o travesseiro.

Mesmo nesse embate contra o sono, a escola era um bom motivo para me levantar. Sempre amei estudar, e olhando retrospectivamente vejo 1 milhão de motivos que justificam essa boa relação com a escola. Eu sou filha única, então ali era uma oportunidade de reduzir um pouco a minha solidão e interagir com outras crianças da minha idade. Outro motivo era uma certa vaidade — eu era considerada a "superestudiosa". Desde cedo, minhas notas altas me destacavam positivamente. Como eu não me destacava pela beleza (pelos olhos de quem via) ou pela popularidade (na época eu era bem tímida, e essa timidez extrema hoje me traz outras reflexões), o estudo era uma espécie de passaporte para ir além do que as donas An(n)as haviam conseguido. Elas mesmas diziam isso. Minha avó tinha estudado até o ensino fundamental e minha mãe foi até o ensino médio, vindo a fazer faculdade de teologia apenas anos depois.

Na adolescência, eu não tinha a mínima ideia de que estava tendo uma oportunidade de ouro, algo que as duas não haviam tido. Eu frequentei escolas particulares ao longo da minha formação escolar e nunca sofri nenhuma pressão para trabalhar. Eu podia simplesmente só estudar — e não sabia que aquilo era uma vantagem.

Minha primeira escola foi o Jardim Escola São Jorge. Eu tinha um uniforme vermelhinho e um primeiro "amor" platônico não correspondido. Lembro até hoje. Na sequência, fui estudar no Filadelfo Azevedo, a primeira e única escola a que eu podia ir a pé. Era um luxo estudar pertinho de casa e dormir um pouco mais. Lá tinha um grande jardim e eu podia correr bastante nas aulas de educação física. Eu amava as árvores e aquele cheirinho de mato. Mas eles não ofereciam todas as séries, então mamãe tentou me matricular em outra escola próxima da nossa casa. Uma pena, eu gostava bastante desse lugar.

Senti um frio na barriga com a mudança. O que será que estava por vir? Depois de algumas buscas, fui parar num colégio na Penha Circular. Não era tão pertinho de onde eu morava, mas também não era longe. Logo nos primeiros dias, minha intuição pareceu querer me dar algum sinal, e ela estava certa — lá aconteceu um dos episódios mais marcantes da minha vida estudantil.

Além da expectativa normal em uma troca de escola, recordo muito bem que já esperava alguma hostilidade por parte dos novos amiguinhos. Até porque não era algo novo. Eu ainda estava longe de saber dar nome ao que acontecia, mas isso não apaga o fato de eu sempre ter sido hostilizada, especialmente por conta da minha pele e do meu cabelo. Para quem acha que o racismo é coisa de gente grande, lembre-se de que as crianças reproduzem aquilo que veem ao seu redor — e fazem isso sem dó nem piedade. Para piorar, eu era bem alta, e como uma das maiores da turma era difícil passar despercebida, mesmo quando eu queria sumir.

A infância e a adolescência são para mim como um bloco de tempo único. Talvez porque os apelidos ofensivos, o deboche e o escárnio tenham ficado impressos na minha memória desde muito cedo: eu era a "preta do cabelo ruim", e isso fazia com que eu constantemente me sentisse menos gente.

Nos livros, ainda que eu não me desse conta disso, as pessoas brancas ocupavam o lugar de protagonismo: desde as silhuetas para contornar dos cadernos de desenho até os livros de história. Pouco a pouco, fui vendo que os únicos parecidos comigo eram os escravizados. E aquilo me fazia mal. Eles apareciam sempre acorrentados, maltratados, subservientes, sofridos. Não sabíamos muito sobre eles. Não tinham nome. Não tinham história. Pelo que nos contaram, ou deixaram de contar, eram açoitados em silêncio — e, indiretamente, era assim que eu também me sentia. Só mais tarde descobri que existia toda uma camada de resistência e de luta a que não tínhamos acesso. Meu incômodo ficava ainda mais evidente porque eu era, em geral, uma das poucas alunas pretas das escolas particulares que a minha mãe fazia questão de pagar. E logo a única que as pessoas, em geral, associavam de imediato àquelas imagens estereotipadas dos escravizados.

Apesar de entender que idealmente as escolas públicas deveriam ser uma opção, minha mãe me explicava que nelas havia muitas greves e falta de recursos, o que deixava as crianças sem aulas. Ao visitar algumas escolas públicas na Penha, percebi que ali sim havia mais crianças pretas como eu. Mas elas tinham menos acesso à educação de qualidade, porque, de fato, muitas vezes faltavam professores, materiais e aulas. Minha mãe preferia não arriscar, sobretudo porque queria cumprir sua meta de me fazer alçar voos maiores dos que ela pôde ter na sua trajetória estudantil.

Hoje sei que ela não hesitava, inclusive, em pegar empréstimos a juros altíssimos para bancar minha educação. Só fui descobrir isso mais tarde, quando passei a ir com ela a bancos para negociar o refinanciamento das dívidas e os prazos. Percebi ali o quanto ela fazia para tentar garantir o pagamento em dia das mensalidades e dos materiais escolares. Às vezes, não tinha jeito e atrasava. Eu sabia quando isso acontecia por causa das cartinhas que levava para casa e da cara de preocupada que ela fazia quando abria o envelope. Algumas vezes até tentamos vagas em escolas públicas cujo ingresso era feito via sorteio, mas nunca deu certo. Aliás, nunca fui boa em ganhar sorteios.

Na minha segunda ou terceira semana na nova escola, senti que alguma coisa não batia. Por mais que eu sempre tenha sido hostilizada, de alguma forma havia "aprendido" a lidar com isso; porém, como eu dizia, algo nesse novo ambiente era ainda mais difícil de digerir. Pois bem, um dia cheguei na escola e ouvi piadinhas sobre meu cabelo e minha pele. Mas dessa vez não de apenas um aluno ou feita de maneira mal disfarçada. Um grupo de coleguinhas ficou desfazendo do meu cabelo e da minha pele ao longo de um dia inteiro, e em conjunto. Me senti humilhada como nunca...

No dia seguinte pela manhã o despertador soou e, como sempre, mamãe já estava de pé, pronta para ir ao trabalho, enquanto eu continuava grudada no travesseiro. A diferença é que o travesseiro, naquele dia, não era só o amigo do repouso e da preguiça. Molhado, ele absorvia as minhas lágrimas. Eu me sentia triste e não queria ir para a escola. Isso nunca havia acontecido comigo, mas eu não suportava a ideia de reencontrar aquelas pessoas.

Minha mãe estranhou meu comportamento, óbvio. Ela sabia e confiava que eu era daquelas que não gostavam de faltar. Detestava correr atrás da matéria perdida. Afinal, era mais trabalhoso do que ir à aula, mesmo doente. Eu ficava insistindo até quando minha mãe recomendava que eu ficasse em casa por algum motivo. Nem quando chovia muito, nem quando todos queriam enforcar aula por causa do feriado, eu topava faltar. Por tudo isso, naquela manhã, ela me olhava com preocupação. O que teria havido de tão grave? Aquela não era a Luana, a filha nerd que ela conhecia. "Filha, o que aconteceu?", ela perguntou. "Nunca te vi assim."

Eu me sentia envergonhada por não ter respondido à altura, por não ter tido força de insultar de volta aquelas crianças brancas. De não ter, sei lá, batido nelas e pelo menos descontado a minha raiva. Então, ainda chorando, contei tudo o que tinha acontecido. Ela me ouviu atentamente e ficou furiosa. Minha avó, então, nem se fala. Mamãe ligou para o trabalho e pediu que uma amiga a substituísse no plantão. Nos arrumamos e fomos para a escola.

Ainda tenho na cabeça a imagem vívida de nós duas aguardando a diretora chegar. Ficamos na sala por um bom tempo. Sem horário marcado, fomos encaixadas de última hora na agenda ocupada da mulher. No momento de contar o que tinha acontecido, eu, que já estava mais calma, fiz um relato tímido porém contundente. Depois foi a vez de assistir à minha mãe cobrar uma ação.

"Ah, senhora... as crianças são assim. Algumas usam palavras mais cruéis mesmo. Mas elas brincam, brincam e depois fica tudo bem. Certamente foi só uma brincadeirinha de criança", disse a tal diretora.

Parece que consigo ouvi-la falando neste minuto. Minha mãe me pegou pelo braço e disse imediatamente: "Então vamos cancelar a matrícula". E assim ela fez. Saímos da sala, passamos na secretaria e encerramos esse ciclo sem saber quais seriam os próximos passos. Confesso que fiquei em choque. Não esperava ser desligada da escola. Eu não queria parar de estudar, mas a verdade é que me senti aliviada. Sinceramente, achei que teria que engolir o choro e voltar a conviver com aquelas crianças pelo menos até o fim do ano letivo.

A atitude da minha mãe me ensinou uma coisa muito importante: racismo não é brincadeira de criança. E nós não deveríamos nunca encarar de forma passiva algo tão grave. Ela não entendeu como a diretora pôde ser tão conivente com a violência que acontecia debaixo de seus olhos. Não houve, por parte dela, sequer uma sugestão de convocação dos pais daqueles alunos, a possibilidade de uma advertência ou letramento racial para todos. Nada. Para ela, era tudo natural, como se o racismo fosse algo intrínseco à infância e à vida.

Minha mãe, que, pelo menos que eu lembre, nunca foi a uma passeata ou participou de algum evento do movimento negro, me deu a maior lição de resposta prática: não dá para normalizar o racismo. Ela não mediu esforços. Compreendeu que aquilo que foi considerado pequeno e sem importância não poderia ser tolerado. Racismo é coisa séria. Me fez despertar para além da cama, para a vida. Me ensinou a não abaixar a cabeça. Ela se negou a continuar pagando uma escola que fosse incapaz de encarar o racismo de maneira ativa e responsável. Se o racismo não seria levado a sério, nosso dinheiro também não circularia naquela instituição.

Ficamos algumas semanas visitando outras escolas em pleno ano letivo. Depois de uma jornada cansativa, achamos a Arca Comunidade Educacional. Como não tinha começado o ano lá, precisei correr atrás para dar conta de tantos deveres de casa acumulados, mas deu tudo certo. Tinha a tia Márcia, a tia Lidiane, a tia Marta e tantas outras de que me lembro com carinho. E que provavelmente me olhariam estranho se eu as chamasse hoje de "tia" — afinal, o tempo passou e não sou mais uma garotinha.

A Arca ficava na Vila da Penha, um pouco mais distante que o colégio anterior. Isso significava que eu tinha que acordar ainda mais cedo, mas tudo bem. Permaneci na Arca até o início do ensino médio e, mal sabia eu, ainda passaria uns bons anos me despedindo cedo do travesseiro para percorrer os muitos quilômetros entre a Penha e Vila de Cava, na Baixada Fluminense, onde cursei meu ensino médio.

Pelo menos na Arca fiz amigos para toda a vida, incluindo Midiam e Aristóteles, de quem sou muito próxima até hoje. Tenho doces lembranças desse período, em que consegui encarar o bullying e o racismo estrutural cercada de mais amor e acolhimento, ainda que sem muita problematização. Lembro das aulas de educação física, em que a bola batia no teto, que era bem baixo, e de tocar na banda durante as festividades do Sete de Setembro. Lá eu nunca vivi um episódio como o que eu passei na outra escola. Estava feliz de poder reencontrar minha paz, ou quase, porque a minha cor nunca deixou de ser motivo de comentários. Mas isso não é surpresa, não estou narrando um conto de fadas.

Quais vivências da infância e da adolescência você destacaria? Elas te ensinaram lições para toda a vida?

4. Negociando com meu "tio"

Mais um verão chegava e com ele os quase três meses de férias escolares, dependendo da data do início do Carnaval. Se caísse em fevereiro, só voltávamos depois do feriado, num estirão que começava em dezembro do ano anterior. Eu preferia assim, sem aqueles poucos dias de aula entre fevereiro e março, que era o que acontecia quando o Carnaval começava mais tarde. Parecia que o tempo sem escola passava mais devagar, porque férias, para mim, eram sempre tediosas e monótonas. Seria eu uma criança estranha? Talvez. Mas sempre desconfie do que há por trás de um "criança estranha". É que nas férias, em geral, eu ficava em casa vendo televisão, e essa cena se repetiu durante toda a minha infância e adolescência. Como assistir à TV não era um dos meus passatempos preferidos, as férias se arrastavam numa sucessão de dias chatos e intermináveis.

Todo ano eu ficava mega-ansiosa, esperando o dia de ir às Lojas Americanas ou à Casa Cruz para comprar cadernos de capa dura e colorida e com cheirinho de novo. Me lembro de mamãe reclamando da longa e cara lista de materiais escolares e de andarmos de loja em loja buscando os melhores preços, chorando um descontinho aqui, outro ali. "Tinta guache, pincéis, canetas hidrocor, papel higiênico... nossa, é muita coisa!", reclamava minha mãe. "Vamos ver se lá nas Americanas a gente encontra mais barato."

Eu adorava essa maratona de compras. Eram momentos divertidos e quase sempre acabavam com um hambúrguer... e não em pizza! Alternávamos entre o McDonald's e o Bob's, dependia de qual tivesse a promoção mais interessante. Minha mãe me deixava escolher, então eu fazia as contas rápido e decidia qual seria o lanche. Hambúrguer, batata frita com muito ketchup e refri eram a tradicional pedida. Comíamos rodeadas pelas várias bolsas lotadas e pesadas, e eu, invariavelmente, saía cheia de fome. Comer besteira nunca me satisfez, até hoje é assim.

E lá íamos nós de volta para casa. Esperávamos o busão lotado: pegávamos o 350 Rápido, que ia pela pista seletiva da avenida Brasil, cortando os engarrafamentos. Descíamos na Lobo Júnior e de lá pegávamos outro ônibus ou uma kombi. A buzina com o grito de "Penha, Penha" até hoje não sai da minha cabeça.

Mas antes desse momento tão esperado por mim (e tão pouco pela minha mãe) e que em geral acontecia no final de janeiro, também fazíamos outras coisas. Nos nossos dias de glória, passávamos uma temporada em Cabo Frio, cidade da região dos Lagos, no litoral fluminense. Mamãe costumava alugar uma casa de veraneio rateando com os colegas do trabalho. Eram momentos de alegria e perrengue garantidos, mas muito melhores do que ficar em frente à TV.

Algumas vezes alugamos a casa de uma senhora chamada dona Judith, que tinha um quintal bem grande e ficava numa rua tranquila. Aquela era uma realidade totalmente diferente para mim, que fui criada em apartamento e interagia pouco com outras crianças. Lá eu fiz vários amiguinhos, pulava corda na rua, brincava de pique-pega e me sentia mais livre.

As viagens eram sempre muito parecidas, começavam com sol quente na cabeça e malas lotadas de coisas que iam de panelas a lençóis, afinal, a casa alugada vinha vazia, só tinha alguns móveis. Primeiro pegávamos o 497, ônibus que saía da Penha com destino ao Centro e que passava pela rodoviária. Eu costumava ficar em frente à porta traseira, perto do trocador, uma profissão praticamente extinta no Rio de Janeiro hoje em dia. O trocador era quem recebia os valores em dinheiro das passagens e gritava: "Piloto, abre a traseira pra garota entrar". Sempre tinha um santo ou uma santa que me ajudava a subir as malas enquanto mamãe pagava as passagens. "Pesado, hein, filha?" Pesadão-dão! Nossas malas nunca eram leves. Afinal, mamãe colocava a casa inteira dentro delas, mas sempre ficava faltando algo. Quem nunca?

Se o motorista desse uma piscada de olho, sabíamos que ele me deixaria passar de graça. Os mais carrancudos faziam minha mãe girar a catraca duas vezes e pagar minha passagem na hora para garantir. Pudera, eu já não era mais um bebê para conseguir viajar de graça. Quando chegávamos na rodoviária — lotada, para variar —, nos revezávamos em filas diferentes para ver qual andava mais rápido. O plano era conseguir pegar o ônibus que ia pela Via Lagos, a via expressa que nos levaria em menos tempo a Cabo Frio.

Também tínhamos a opção de pegar vans que faziam o trajeto e cobravam valores ligeiramente mais baratos. Alguns dos motoristas até já nos conheciam. Uma vez, levamos uma hora e meia para chegar a Cabo Frio, um trajeto que normalmente fazíamos em umas três horas. O motorista literalmente meteu o pé. Eu fiquei com medo, confesso, mas minha mãe achou rápido e eficiente. De todo modo, chegamos vivas, apesar da emoção.

Como eu disse, alugamos a casa de dona Judith algumas vezes. Numa dessas viagens, chegamos e a casa ainda estava fechada.

Nossa missão era buscar a chave no vizinho e esperar a Lúcia, que era uns dez anos mais velha que minha mãe e trabalhava com ela no hospital. Ela tinha uma filha, a Marta, que era mais ou menos da minha idade. Havia o Miguel e a Diana também, que eram filhos de outra enfermeira. Eles deviam ter seus vinte e poucos anos. Eram os colegas que haviam rateado o valor do aluguel daquela vez.

A casa tinha três quartos e, como fomos as primeiras a chegar, pudemos garantir o mais silencioso e com uma cama boa. Mamãe e eu dividimos a cama de casal, porque dessa vez vovó não tinha ido conosco. O pessoal chegou mais tarde. Diana e Miguel vieram de busão. Marta e Lúcia vieram de carona com um conhecido.

Com a casa cheia, o próximo passo foi fazer uma superlista de compras e ir ao mercado. As filas intermináveis dos supermercados abarrotados de Cabo Frio no verão certamente me ensinaram a ter muita paciência na vida. E as cenas protagonizadas ali por minha mãe marcaram minha infância e adolescência. Explico. Volta e meia, já quase na boca do caixa, mamãe ou um de seus colegas percebiam que tinham esquecido algum item. E lá íamos nós em busca da prateleira certa, pulando cestinhas, driblando os carrinhos e pedindo licença para quem estivesse na frente para tentar buscar o item em questão no menor espaço de tempo possível. Enquanto isso, começavam os murmurinhos de quem estava atrás da gente: "Vão empacar a fila!". Sim, tinham razão. Sempre empacávamos a fila ou por ter esquecido algo ou porque depois de passar todas as compras víamos que algum produto não estava com o preço marcado na etiqueta, em geral cobrando acima do divulgado. "Fiscaaal!", gritava a caixa pedindo ajuda para a conferência do preço. Isso significava que ficaríamos ali mais um tempão e haveria mais pessoas reclamando. Acho que por ser preta nunca fiquei visivelmente vermelha, mas estava sempre morrendo de vergonha, reparando em todos que estavam atrás da gente.

No entanto eu também apreciava a segurança da minha mãe nessas situações — ou seria ela egoísta? Não sei dizer, talvez ela fosse as duas coisas. Mas o importante é que ela sempre fazia valer seu direito de revisar o preço dos produtos caso não achasse que era o certo. Ela não ligava para as reclamações dos outros consumidores. Ia até o fim e, pelo que me lembro, sempre ganhávamos o bendito desconto. Se era porque o mercado havia errado ou porque só queriam se livrar de quem estava empacando a fila, não faço ideia, só sei que o preço cedia, minha mãe não.

A resistência de dona Ana mora nos detalhes. Seu poder de negociação é inspirador e... "transpirador". Saíamos suadas do mercado.

Na sequência, força-tarefa para ensacar. Dividíamos o peso e levávamos tudo para casa. Chegando lá, era hora de dividir a conta entre os amigos. Outro exercício de paciência e transpiração. Eu mal via a hora de mergulhar mais uma vez na praia do Forte para esfriar a cabeça. Aquela praia guarda muito de mim e das minhas histórias. Meus primeiros castelinhos de areia foram feitos lá. Certamente, foi uma das praias a que mais fui ao longo da vida, até porque era a preferida de minha mãe e eu não tinha outra opção além de acompanhá-la.

Na viagem em questão, houve um dia, daqueles que amanhecem nublados, em que mamãe acordou se sentindo mal. Sofria de dores na barriga e se contorcia na cama. Eu nunca a tinha visto daquele jeito, então fiquei bem assustada. Em geral, quando eu passava por alguma situação desafiadora, paralisava, mas daquela vez foi diferente. A casa estava vazia, todos tinham saído bem cedo, e eu fui buscar ajuda.

Fui atrás do Miguel. Sabia que ele sempre tomava café num bar próximo antes de ir à praia. Já tínhamos passado na frente daquele boteco algumas vezes, portanto eu tinha noção de onde era, mas não sabia ao certo. Eu tinha mais ou menos onze anos e essa foi uma das primeiras vezes em que saí desacompanhada. Sempre fui bicho do mato, estava sempre com minha mãe.

Sozinha, atravessei várias ruas e, meio desorientada, segui na direção onde eu achava que era o bar. E não é que achei? Danada! Miguel estava com Diana, e eles prontamente largaram o que estavam comendo e voltaram para casa comigo. Miguel chamou uma ambulância pelo telefone público (o famoso "orelhão"). Como eu era menor de idade, Diana se prontificou a acompanhar minha mãe ao hospital, não sem antes me garantir que ficaria tudo bem.

Lúcia e Marta chegaram com a ambulância e ficaram olhando minha mãe sendo carregada. Aparentemente, tinham ido ao mercado bem cedinho, mas demoraram porque havia uma superfila, claro. Aliás, ir ao mercado sempre me pareceu o passatempo preferido da galera quando não estava na praia. Mas voltando à história, ao me ver tão preocupada, Marta me disse: "Bora pra praia, garota! Não adianta todo mundo ir pro hospital".

Na época, eu achei que ela não estava nem aí para a minha mãe, que não queria perder o dia de praia. Ela nem perguntou o que tinha acontecido, então como poderia saber que ia ficar tudo bem? "Que falsa!", pensei. Já estava ali tendo lições que aprenderia para a vida.

Como eu não poderia ficar sozinha em casa, acabei indo com elas à praia, mas com a cabeça preocupada. Miguel foi com a gente também. É sempre bom lembrar que não havia celular nem WhatsApp ou outras formas de comunicação imediata e rápida naquela época. Não saber em tempo real o que se passava com minha mãe deixava meu coração apertado. Não conseguia parar de pensar: "O que será de mim se eu a perder?". Minha mãe, minha vida. Sem ela, meu mundo desmoronaria. Ela era a minha base. Nem deu para perceber essa minha relação de interdependência com ela, né?

Na praia, eu estava com a cabeça voando, o olhar distante, não tinha vontade sequer de brincar na água. Atípico. Sempre fui bicho do mar, mesmo quando ainda não sabia nadar, como naquela época. Aliás, aprendi a nadar supertarde, assim como a andar de bicicleta (quem me ajudou a me equilibrar foi meu marido). Eu achava que meu pai é que deveria me ensinar, mas como ele não estava por perto isso nunca aconteceu.

Voltando a esse dia estranho, como não tinha programado uma ida à praia, eu estava de maiô mas não tinha arrumado a minha bolsa. Não tinha um centavo no bolso. Miguel foi jogar altinha e lá ficou por um bom tempo. Ele se enturmava fácil com os outros jovens, fazia o tipo musculoso, popular. Mais tarde, seria um amor platônico meu, nunca concretizado. Eu estava sentada na cadeira e Martinha me puxou pelo braço, tentando me incentivar a irmos para a água. Mas eu estava realmente triste.

Lúcia notou meu desânimo e, meio sem jeito, pegou sua bolsa e nos deu dinheiro para comprar sorvete. Não lembro ao certo quanto era, mas sei que era pouco. Arriscaria dizer que, hoje em dia, seriam uns cinco reais para cada uma. Não dava para comprar quase nada, ainda mais na praia, onde tudo era mais caro que no mercado.

A praia estava lotada. Os gritos dos vendedores de tudo o que você possa imaginar se misturavam. Brincos, cangas, coco gelado, camarão, queijo coalho, pizza, empada. Finalmente passou o sorveteiro. "Moço, me dá um de chocolate", disse Marta. O simpático vendedor pegou um picolé dos mais baratos e entregou para ela. Daí, ele virou para mim e perguntou: "Qual você vai querer?".

"Eu quero um Cornetto", respondi sem hesitar. Era o meu preferido. Eu não tinha noção de que o valor que eu tinha não dava para comprá-lo. Lembro até hoje do sorriso amarelo do sorveteiro. "Filha, o Cornetto é mais caro. Escolhe outro aê", retrucou. Empaquei. Marta me deu um leve beliscão para tentar acelerar a decisão. Eu olhei para a tabela com os tipos de sorvete e nada me parecia tão atraente. "Deixa, moço, não precisa. Eu queria o Cornetto...". Fiz cara de cachorro sem dono, já bem inspirada na vibe do dia, e ele me explicou que o Cornetto custava mais ou menos o dobro do que eu tinha. "Serve este?", tentando agradar, me ofereceu outra opção. Eu permaneci inerte. Para quebrar o clima, ele me disse: "Sabia que você é a cara da minha sobrinha?".

Hoje, ao rever essa cena, percebo que a maior parte dos ambulantes de praia poderia ser meus tios. Não só porque temos mania de chamar todo mundo de "tio", mas por serem, em sua maioria, homens negros, como meus tios de sangue. Estão ali carregando peso, passando horas sob o sol e andando na areia escaldante. Estão na praia, mas não a lazer. Muitos trabalham na informalidade. E ainda hoje essa cena não mudou muito. Coincidência? Acho que não. É a nossa história. Só me dei conta anos mais tarde dessa correlação.

O vendedor, percebendo que nada me demoveria, me disse: "Filha, toma este Cornetto e fica com Deus. Você sabe pechinchar mesmo, hein?!". Ele me entregou o sorvete, pegou o dinheiro e saiu. Até hoje não sei se irritado ou feliz. "Obrigada!", gritei. Mas ele já estava longe. Andava rápido na areia fofa e quente da praia do Forte.

Eu me senti orgulhosa por ter conseguido "negociar" o Cornetto, ainda que Marta me olhasse meio envergonhada e meio raivosa, pois imagino que também quisesse ter conseguido um sorvete de casquinha em vez de um simples picolé. Voltamos para perto de Lúcia. De uma hora para outra, o tempo ficou nublado de novo, como costuma acontecer nos dias de verão. As nuvens ficaram carregadas e começou a chover.

Fomos andando para casa. Eram mais ou menos uns vinte minutos de caminhada, porém, de repente, nos vimos no meio de uma enchente. A água subiu muito rápido. Quando me dei conta, ela já alcançava meus joelhos. Miguel me pegou no colo e me colocou nos ombros. Pulando obstáculos, orando para não sermos sugados por um bueiro aberto e procurando abrigo sempre que possível, chegamos em casa ainda sob chuva forte.

Para minha surpresa, lá estava minha mãe, dormindo. Provavelmente tinha tido alguma intoxicação alimentar, mas nada grave. Diana disse que ela estava bem e medicada. Fui tomar banho para tirar a lama dos pés e depois fui fazer cafuné na minha rainha, que agora estava de volta, e eu mal podia esperar para contar que eu tinha aprendido a negociar, igualzinho a ela. Ela ficaria orgulhosa de saber que consegui um Cornetto pela metade do preço sem precisar chamar o fiscal e empacar a fila.

No que você se sente boa fazendo? O que você entrega para o mundo que acha que é um diferencial seu?

5. Os sinos da Penha

"Salve o candomblé, Eparrei Oyá/ Grande Rio é Tata Londirá/ Pelo amor de Deus, pelo amor que há na fé/ E eu respeito seu amém/ Você respeita o meu axé." As primeiras linhas deste parágrafo são um trecho do samba-enredo da Grande Rio de 2020, que saúda o candomblé. Tive a honra de desfilar no Sambódromo pela primeira vez nessa ocasião. E quem conhece minha trajetória religiosa sabe que não era nada óbvio me ver cantando esses versos na Marquês de Sapucaí. Existe um discurso reducionista que associa minha raça às religiões de matriz africana, e por isso você pode presumir que sou candomblecista. Não é o caso, pelo menos não até agora. Coloquei essas estrofes aqui porque elas representam uma ruptura simbólica e importante com tudo o que aprendi desde que me entendo por gente. Aprendi que Exu era o Diabo, que Tranca-Rua e Preto Velho eram sinônimo de coisas ruins. Mas hoje me pergunto: qual é a diferença entre sete idas ao culto para alcançar um milagre e acender sete velas ou pular sete ondas? Por que o meu Deus é o certo e o "deles" é o errado? Por que o candomblé seria o errado? Me ensinaram que eu devia desviar de despachos de "macumba" porque eram coisas do maligno. Quando, andando pela rua, eu me deparava com alguma oferenda, dizia logo: "Sangue de Jesus tem poder".

Essa dicotomia entre o bem e o mal era muito bem definida na minha cabeça quando eu era criança, e depois também na adolescência. E mais. A imagem que eu tinha de Jesus era de um homem branco e de cabelos lisos, ainda que as igrejas evangélicas que frequentei não tivessem imagens porque a "idolatria" às imagens é proibida. Os idólatras eram os católicos. Porém, pelas ilustrações das revistas *Escola Bíblica* que eu lia e pelos atores que encenavam Jesus no cinema, no teatro, nas suas representações em livros etc., estava claro que Jesus era um homem branco.

Longe de mim negligenciar o fato de que frequentar a igreja evangélica me ensinou a ter um senso de comunidade muito forte. Foi uma formação de fé e de abertura para orar pelo próximo, de dar a mão a um desconhecido e clamar por sua vida. De cantar junto e andar em bonde. Com sinceridade e seriedade, consigo enxergar e valorizar os muitos pontos positivos de ter crescido numa igreja e ter frequentado lugares de diversas denominações por insistência da minha mãe.

Ir à igreja ocupava boa parte do meu tempo quando eu não estava na escola. Lá fiz amigos e obtive ensinamentos preciosos: de certo modo, descobri o que eu queria seguir e o que eu não queria. Mas uma das principais lições e reflexões que trago dessa época é: por que a minha religião invalidava a fé dos outros? Por que tinha que evangelizar e convencer o outro de que eu estava certa e quem não seguisse a minha religião estava errado?

Cresci achando que todos os meus vizinhos não evangélicos iriam para o inferno. Para quem conhece o bairro da Penha, sabe que o lugar é um verdadeiro caldeirão religioso. Eu morava num prédio que dava de cara para a famosa igreja da Penha,[1] e da minha janela também avistava a igreja católica de Santo Antônio de Categeró,[2] algumas igrejinhas evangélicas que poderiam se confundir facilmente com residências e um terreiro. Eu mesma fazia parte de uma grande denominação evangélica do bairro.

Minha infância e adolescência foram embaladas pela mistura dos cantos que eu ouvia ao longo do dia. Os sons de tambores se mesclavam com as badaladas do sino da igreja da Penha e com os hinos de Categeró. Volta e meia, as ruas do entorno eram bloqueadas pelas procissões de santos. Eu até gostava de ir com a minha avó, que ainda é católica, e ver de perto a galera carregando o andor. Achava ainda mais legal porque sempre ao fim da procissão vovó me levava para comer em uma lanchonete do bairro — geralmente um joelho, salgado com recheio de queijo e presunto em que eu amava tascar ketchup. Com o tempo, passei a evitar as procissões. Na minha igreja, estar ao lado de pessoas com profissões de fé diferentes era pecado. Eu que, em tese, estava no caminho da salvação, poderia colocar tudo em risco ao fazer isso. E se Jesus voltasse no meio da procissão? Eu seria pega em flagrante e enviada ao inferno. Quanto medo eu tinha de botar tudo a perder!

Passei a adolescência indo às Quintas-Feiras da Vitória, dias de cultos voltados à busca de milagres. Eu rogava para que meu pai voltasse para casa. Ter fé em Deus é algo que move, e eu admiro quem tem fé. Só questiono por que um óleo ungido da minha igreja é sagrado, mas a água benta dos católicos não é, por exemplo. Eu comecei a me perguntar por que essa necessidade de dizer que só o que é feito de uma determinada forma está correto.

O evangelismo, que era uma das coisas que eu mais gostava de fazer, em especial pelo contato com outras pessoas, aos poucos foi perdendo o sentido. Era basicamente ir às praças evangelizar, convencer as pessoas de que elas precisavam de salvação, pregar que a fé delas estava errada e que a minha estava certa. Mais do que acolher e ouvir, éramos treinadas a fazer contatos, entregar panfletos. Ainda que fosse um trabalho realizado com amor, devoção e fé, parecíamos estar atrás de números que provassem que convertemos o maior número de almas possíveis, e que isso abriria as portas do céu para nós. Pouco a pouco, fui ficando desconfortável. Pela forma como era feito, me sentia numa cruzada cristã ou num processo de colonização infundado. Eu não queria convencer ninguém de que só o Jesus branco representava a salvação. Nem sempre isso pareceu injusto na minha cabeça, mas aos poucos o quebra-cabeça foi sendo montado.

Uma vez fui a uma sessão de evangelismo em Vigário Geral e lá fomos instruídos a evangelizar um grupo de crianças mostrando para elas o que significava o plano da Salvação. Recebemos dos pastores uma pulseira de contas em que as pedras pretas representavam o pecado e as brancas a salvação. Fomos à casa de cada uma para falar da história de Jesus, usando a representação das bolinhas da pulseira como "material didático". Num grupo de crianças, eu estava ao lado do líder dos jovens quando ele foi explicar como tinha sido a jornada de Jesus na Terra. Minha função naquele dia era tirar fotografias para registrar a ação. Quando ele apresentou a história, uma das crianças do grupo falou: "Tio, se preto é o pecado, então eu sou o pecado?". Ele explicou por A + B que não tinha nada a ver com a cor da pele e que o mais importante era entender que Jesus veio nos salvar do pecado e do mal, mas acho que a força simbólica de uma cor ser preterida por outra fala por si só, independentemente da intenção.

Ao fim da ação, nós conversamos, e eu tinha um ponto: se aquela criança havia sinalizado um incômodo, não deveríamos prestar mais atenção nas imagens que estávamos evocando, ainda mais porque lidávamos com territórios majoritariamente negros? Reforçar que o preto era o pecado era equivocado. Não havia nada menos empático para com aquelas crianças pretas, e eu me senti mal ao ver tal mensagem sendo disseminada. Ali eu percebi que, apesar do bem que uma profissão de fé pode nos trazer, ela também pode expressar uma espécie de colonialismo moderno, em que tentamos dominar o outro por uma disputa narrativa. No nosso caso, o discurso era inconfundível: o que eu ofereço é melhor do que o que você tem ou o que você é, sobretudo se você for negro e candomblecista. O padrão da salvação oferecido era branco e evangélico, e todos deveriam se aproximar ao máximo disso — visualmente e nos seus discursos.

Digo isso porque raramente íamos evangelizar os ricos da Zona Sul, os que adoravam Buda ou não tinham religião. Nas diversas igrejas por onde passei, as orações de repúdio sempre mencionavam entidades de religiões de matriz africana: "Repreende, Senhor, todo Tranca-Rua". E eu me perguntava: "O que o Tranca-Rua fez?".

Pelas vivências que tive e que falam diretamente comigo, sei que a igreja preenche, de muitos jeitos, a carência do Estado. A igreja tem capilaridade e entra na casa e no dia a dia dos indivíduos. A fé é moeda de barganha para quem quer ser inquestionável. Nos livros de história aprendemos que o Absolutismo já passou, mas em muitos locais mais carentes é mais ou menos isso que acontece. Muitos usam o nome de Deus para fazer valer suas próprias vontades ou seus próprios interesses. Precisamos estar atentos.

No campo da fé, também deve importar como representamos Jesus. Jesus deveria poder ter qualquer rosto. Também me incomoda a lógica de que há uma meta de almas a serem conquistadas. Se você leva um convidado a um culto e ele é convertido, isso conta pontos para você, o que o deixaria mais próximo do Céu. Meu Deus, que lógica cruel!

Se expressar em uma língua estranha era algo imposto, como uma forma de mostrar a conexão com Deus. Portanto, era visto como algo sagrado, ainda que nós, adolescentes, zoássemos dizendo que era como falar "chupa-bala-halls" várias vezes. De todo modo, isso me suscitava dois tipos de sentimento: fascínio e repulsa. Era assustador ver as pessoas entrando em transe, e ao mesmo tempo era lindo vê-las emocionadas e tomadas pela sua fé. Não estou dentro de cada uma delas para julgar o quanto é real ou teatral esse estado de transe. Mas meu desejo é que o transe da igreja evangélica seja tão válido quanto o de um terreiro ou de qualquer outra religião. E sim, menciono os terreiros com ênfase, pois estou certa de que são as religiões mais perseguidas no Brasil. Não por acaso, o sincretismo religioso das fés de matriz africana, para mim, representa resistência, a arte de sobreviver. E digo mais, muitas das sete Quintas-Feiras da Vitória ou dos milagres que presenciei em igrejas evangélicas são inspirados na lógica dos terreiros, mesmo que isso nunca seja mencionado.

Mas isso pouco quer dizer quando a cada quinze horas uma queixa de discriminação por motivo religioso é registrada no Brasil, a maioria contra credos afro-brasileiros.[3] Na prefeitura do Rio de Janeiro, chegamos ao ponto de ter um missionário branco que convertia africanos ao Reino de Deus como prefeito.[4] Se isso não é colonização, não sei qual outro nome dar.

A violência religiosa persiste diante dos nossos olhos e com a permissão dada por nossa negligência. E essa mensagem vale até mesmo para quem só sauda o candomblé nos sambas-enredo durante o mês de fevereiro, quando os cofres públicos e privados são abastecidos pela vultuosidade que o Carnaval projeta no Rio de Janeiro, mas esquece o quanto a religião é perseguida. Precisamos levantar nossa voz ao longo do ano contra a injustiça e o racismo religioso. O Carnaval também é o momento em que acontecem retiros evangélicos, organizados para que os fiéis possam fugir do "mal" da festa da carne, que clama: "Pelo amor de Deus e pelo amor que há na fé, respeita o meu axé".

Tudo o que se quer no candomblé é respeito. E por isso, mesmo sem nunca ter pisado num terreiro, me senti livre ao pisar na avenida do samba, o Sambódromo. Foi uma experiência libertadora poder ressignificar algo do qual sempre me afastei por ter sido convencida de que era pecado. Lá, pedimos através do enredo o respeito a todas as religiões (ou a quem não deseja se associar a nenhuma), algo que nunca vi ser pregado nos templos que frequentei ao longo da minha infância e adolescência, e que só comecei a ver na vida adulta na boca de pastores como Kleber Lucas e Henrique Vieira, além do babalawo Ivanir dos Santos, Mãe Marcia Marçal e Mãe Flávia Pinto.

Hoje, eu ainda me considero uma pessoa de muita fé. Oro com Alice, Louis e minha família. Estou mais próxima de lideranças que entendem que a fé não deve se descolar de causas importantes, como a luta antirracista e contra todo e qualquer tipo de violência. A igreja não pode ser alheia ao seu entorno só por acreditar que a vida eterna (ou a vida após a morte) é melhor do que a que vivemos na Terra. Essa é uma forma de estimular uma vida medíocre, que se contenta com as violências do mundo. Outra coisa de que discordo é esse amor abstrato pregado entre casais e famílias, um amor que erroneamente acredita que não precisa se importar com as causas do mundo. Já diria Lian Tai, que tive o prazer de entrevistar no *Sexta Black*: "Não adianta dizer *ho'oponopono* e *namastê* se o resto do mundo vai se f...". Sei que não estou sozinha com esse pensamento. Oro para que possamos construir uma trajetória solidária: axé para quem é de axé e bênção para quem é de bênção. Será isso possível?

Na igreja, também aprendi que um relacionamento abençoado por Deus era duradouro e que famílias são compostas de um homem, uma mulher e seus filhos. Mas meu espírito questionador sempre fazia eu me perguntar: se fui essencialmente a cria de uma casa com duas mulheres sem marido, isso significaria um lar desestabilizado? Amaldiçoado? Que mal teríamos feito a Deus para não termos homens em casa?

Cresci achando que o Diabo tinha tirado meu pai de casa e que deveríamos fazer campanhas nas igrejas para recuperá-lo e trazê-lo de volta. Aos poucos, essa questão foi ganhando novos contornos, e percebi que a visão da minha igreja era apenas mais uma forma de ver o mundo. Respeito a visão, mas hoje discordo dela. Entendo que meu pai escolheu sair de casa para viver à sua maneira. Também entendo que há diversos tipos de famílias possíveis, e que a configuração correta é aquela em que temos pessoas felizes que queiram estar juntas. E elas têm o direito de se separar, se acharem que assim é melhor. Dói aceitar, especialmente quando uma das partes ainda quer manter a relação, mas não seria preferível isso a viver infeliz para aparentar um relacionamento saudável que não existe? É assim que penso hoje. Mas também sei que não é dois mais dois.

Eu cresci à sombra de relacionamentos que eu não sabia como tinham começado ou acabado. Não se falava muito sobre isso lá em casa, e até hoje desconheço os detalhes das relações afetivas em minha família, para além do pouco que sei dos meus pais.

Amores platônicos e imaginários? Tive vários (já mencionei que tenho uma mente muito criativa). O primeiro de que me lembro foi Giovanni, um menino branco que estudou comigo no maternal. Depois Rafinha, um amiguinho negro que me deu o primeiro toco e me abandonou no meio da quadrilha na festa junina.

Havia do meu lado a expectativa de um companheirismo que não devia nada para os contos mais perfeitos das histórias de amor-padrão. As projeções não paravam por aí. Passei a infância e, sobretudo, a adolescência sonhando com aquele que seria minha cara-metade. Fui condicionada a isso. Quanto mais velha, mais eu idealizava. Porém, na vida real, dá para sonhar com o mais popular? Nem pensar! Lembro que certa vez cismaram que eu deveria fazer par com um garoto branco chamado Theo. Ficavam cantarolando: "Luana vai ficar com o Theo e vai dar um créu". Eu queria colocar minha cabeça embaixo da terra cada vez que faziam isso. Acabou não rolando nem Théo nem créu.

Na igreja, uma vez tentaram me dar a ilusão de que um menino considerado gatíssimo poderia me dar bola (adivinha a cor dele?). Ele tinha até o apelido de um galã de uma novela da época. Mas logo pararam quando descobriram que ele estava namorando outra garota. Eu tinha certeza de que ela não era negra — e acertei em cheio! Durante minha adolescência, os relacionamentos da igreja e da escola eram muito previsíveis. Em geral, brancos ficavam com brancos (havia algumas exceções), apesar do mito de um Brasil misturado.

Minhas projeções de adolescente não se limitavam a cor de pele, apesar de saber exatamente de quem as pessoas insistiriam que eu me aproximasse. Toda vez que tinha um menino negro na igreja ou na escola, ele virava meu par por pressão das amigas, tentando me combinar com alguém. Daí saíram algumas tentativas frustradas. Às vezes eu até achava que ia dar certo, mas aí não havia interesse do outro lado. E eu também fui influenciada pelo padrão branco de beleza. Aprendi desde cedo a achar pessoas brancas bonitas. Lembra quando citei as Paquitas? É muito louco saber que somos condicionadas desde pequenas a nos orientarmos por padrões. Os brancos são os típicos galãs, e aqui vale um ponto. Não estou falando de uma opinião individual, estou falando de um desenho histórico e coletivo. Coloque a palavra "galã" no Google e você vai entender o que eu estou dizendo. Para quem estiver lendo este livro no futuro, espero que isso já tenha mudado.

Na minha adolescência, o grande galã era o Reynaldo Gianecchini, que pirei ao ver contracenar com Taís Araújo em um romance inter-racial. Quem sabe então eu também não teria alguma chance? No entanto, na época do pré-vestibular eu enlouqueci quando conheci um dos caras mais gatos que já vi na vida. Ele se chamava Wagner. Era um preto altíssimo e que sempre vinha puxar papo comigo. Achei que finalmente eu formaria um par, mas não rolou. Ele havia se aproximado de mim para que eu fizesse a ponte com uma amiga — branca.

Meu primeiro beijo foi com um "pseudoprimo". Não sei você, mas na minha infância tive inúmeras tias e primos emprestados. Costumávamos brincar de novela, e foi assim que rolou esse beijo. Mas não tinha sentimento. Entre as vivências sem noção e sem graça da minha adolescência, a que conta de fato foi a com o Ricardo, que considero um cara pardo (de quem ainda falarei depois). Ali realmente havia mais sentimento e intenção. Mas não tinha muita profundidade, era um namorico. O ponto de ônibus em frente ao Shopping da Penha era um dos nossos pontos de encontro preferidos para trocar uns bons beijinhos. Foi até duradouro para os padrões adolescentes, mas sem futuro. Éramos muito imaturos, mas sabíamos disso. O importante era curtir o momento.

Como você se conecta com a sua fé?
O que isso te traz de positivo e de negativo?

6. Conspirando em Vila de Cava

Já disse aqui o quanto minha mãe se esforçou para me manter numa escola particular. Aos poucos, passei a reparar nos boletos, nos valores das notas fiscais das compras de materiais escolares e do mercado. Acho que sempre fui consciente de que o dinheiro não era abundante. Em nenhum momento me lembro de me sentir surpresa ao descobrir que não é uma coisa que dá em árvore. Dinheiro era algo que requeria esforços extras, como as tais idas aos bancos para pedir empréstimos que tiravam o sono e a paz da minha mãe.

Talvez por conta disso, sempre que eu podia juntava um dinheirinho. O troco da merenda eu colocava religiosamente em um cofrinho escondido, que era uma caixa de sapato velha, e assim reuni as minhas primeiras economias. Essa também é minha primeira memória de planejamento financeiro, ou pelo menos de quando comecei a dar mais valor ainda ao dinheiro. Nos momentos em que ele ficava curto, lá ia eu de maneira sorrateira pegar uns trocados no cofre para compartilhar com a minha mãe, que ficava sempre surpresa com como eu conseguia aparecer com moedas e notas do nada.

Para aliviar a pressão sobre nosso orçamento, tentamos algumas vezes meu ingresso em escolas públicas. A primeira vez eu era criança. Participei de um sorteio para entrar no Colégio Pedro II. O roteiro Penha-São Cristóvão era relativamente curto, apenas algumas estações de trem sem baldeação. Não seria a tão sonhada escola que me daria o prazer de acordar apenas cinco minutos antes da primeira aula, mas já era alguma coisa. Até porque, como já mencionei, seria difícil acordar poucos minutos antes de sair, pois eu precisava ajeitar meus cabelos até estar convencida de que eles estavam prontos para serem vistos pelo mundo. E isso levava um bom tempo. Era uma guerra especialmente dura quando se tem baixa autoestima reforçada por um sistema racista estrutural em que quanto mais retinta — e com cabelo crespo — você é, mais no fim da fila da beleza você está. Era esse o meu lugar, a propósito, nos concursos bobos que aconteciam a cada ano na escola e que elegiam as mais bonitas das turmas. Bem, eram bobos mas, para mim, determinavam muita coisa, como minha enorme timidez e a incontrolável vontade de passar despercebida.

Não fui sorteada no Pedro II. Depois tentamos o Colégio de Aplicação da Universidade Federal do Rio de Janeiro, mas também foi em vão. Como já disse, nunca ganho sorteios. Então, nos concentramos em negociar uma bolsa. Eu gostava muito do colégio onde estudava, o Arca, e não queria sair de lá.

No último ano do ensino fundamental, já comecei a cursar um pré-vestibular no Méier. Eu sempre ia junto com meu melhor amigo, Aristóteles. E seu nome diz tudo. Ele era um gênio da matemática e era com ele que eu disputava as melhores notas na disciplina. Quando eu conseguia ir melhor que o Ari em uma prova, minha autoestima subia de uma forma que compensava o último lugar no concurso de beleza. E assim fomos estudando juntos ao longo de parte da pré e da adolescência.

Até que veio chegando a hora do ensino médio, inevitavelmente o fim da linha no Arca. A ideia era tentar um novo ingresso em alguma escola pública de qualidade, agora não mais por meio de sorteio. A prova seria dura, por isso eu e o Ari nos matamos de estudar um ano inteiro, renovando nossas forças com os salgadinhos de boteco que encontrávamos pelo caminho, sempre fazendo contas e usando nossa boa matemática para conseguir uma boa promoção e economizar.

Na mesma época, tentamos também o Centro Federal de Educação Tecnológica Celso Suckow da Fonseca (Cefet-RJ), que, como centro técnico, oferecia além do ensino de base uma formação profissional. Era uma proposta diferente da do Pedro II e que me indicava uma possibilidade interessante: poder trabalhar após terminar o ensino médio. Eu não via a hora de recompensar, em alguma medida, todo o esforço da minha mãe, ainda que fosse pelo menos pagando minhas próprias despesas. Assim, foquei no Cefet. E não tive dúvidas: apliquei para o curso técnico de informática. Tecnologia parecia um bom caminho para conseguir um emprego. Eu achava que saber sobre computadores já era algo fundamental e gostava da ideia de trabalhar nessa área.

Tentamos juntos também o Colégio Militar. Esse era bem mais rígido, mas tinha fama de ter um excelente ensino e projetar seus alunos para carreiras sólidas e promissoras, ainda que muitos seguissem a vida militar. Mamãe e eu chegamos a investigar sobre a possibilidade de ingresso sem prova, uma vez que eu era filha de um militar da Marinha, mas isso só era possível nos casos de militares transferidos e, eu acho, também tinha algo a ver com a patente — e a do meu pai, ao que tudo indicava e pelo que nos diziam, não era alta o suficiente para esse fim.

Após essa maratona de provas, para minha decepção e a de Ari, não passamos em nenhuma. Choro e frustração tomaram nossos corações. O que faríamos agora? Eu estava obstinada a não deixar mais mamãe pagar mensalidades. Quem sabe assim sobraria mais dinheiro em casa? Quem sabe poderíamos investir em viagens e no lazer para além de Cabo Frio? Sonhar não custava nada.

Pedi o apoio da minha mãe para me inscrever em uma escola pública. Essa, sim, ao lado de casa. No dia em que fomos visitar a escola, encontramos alguns pais insatisfeitos. Segundo eles, havia dias que os alunos não tinham aulas por problemas na estrutura. A escola até era boa, complementaram, mas volta e meia acontecia algum problema.

Minha mãe não hesitou e já começou a dizer que iríamos procurar uma escola particular. Que era inadmissível que eu, depois de tanto esforço, morresse na praia. Foi triste, mas é isso. Adeus ao sonho de estudar em uma escola pública. Estávamos ainda pensando em como iríamos fazer para eu ter uma bolsa para cursar o ensino médio quando, na volta para casa, recebemos notícias que reacenderam em mim uma ponta de esperança. Uma reviravolta inesperada. O Cefet havia aberto uma unidade em Nova Iguaçu e teria uma data de prova ainda para aquele ano escolar. Era minha última chance de poder estudar numa escola pública que minha mãe considerava de qualidade. Era pegar ou largar. E lá fui eu com todas as minhas forças. Me inscrevi e meti a cara nos estudos. Ari seguiu outro caminho, acabou passando para o Pedro II. Por algum motivo, não prestei essa prova.

Pouco tempo depois, fiz a prova do Cefet de Nova Iguaçu e fiquei na maior ansiedade. Passeeeei! Estava convicta de que aquele seria o início de um sonho. E estava mais certa ainda de que conseguiria facilmente a transferência para a unidade do Rio de Janeiro. Escrevemos cartinha, choramos, mas não deu.

A troca de unidade naquele primeiro momento era terminantemente proibida.

Que decepção. Ou melhor, que alegria pela metade. Eu estava feliz da vida por poder estudar numa escola pública de qualidade, recém-inaugurada, fazendo um curso técnico, mas estava triste porque a escola ficava muito longe da minha casa e não havia chances de conseguir transferência. No melhor dos mundos precisaria pegar dois ônibus, no pior, poderia chegar a até cinco conduções e levar mais de três horas para voltar para casa. Sem contar o horário de acordar. Se tinha que pegar às sete, precisava acordar às quatro para percorrer o trajeto da Penha até o "interior" de Nova Iguaçu, ao lado de vacas e de uma fábrica de sabão. "É... é isso", disse minha mãe com seu bom e velho tom animador, me lembrando de que ela acordava nesse mesmo horário para ir trabalhar. Poderíamos acordar juntinhas, não era o máximo? (#SóQueNão.) Como eu tinha certeza de que Deus escreve certo por linhas tortas, às vezes bem tortas, me resignei com essa conquista às avessas.

Na época, eu costumava entrar na internet — então discada — após a meia-noite para encontrar alguém com quem pudesse compartilhar aquele turbilhão de emoções. Até criei um blog. Esbarrei então com o Jeff, um menino bem estranho que, não lembro como, cruzou comigo no ICQ, um aplicativo de troca de mensagens que fazia um barulho engraçado toda vez que chegava uma comunicação nova: "Ô-ou". Para minha maior surpresa, ele também tinha passado para o Cefet de Nova Iguaçu. Meu Deus, eu tinha conhecido um futuro colega de escola na internet! Ele morava mais perto de lá, em Nilópolis. Será que o universo queria me dizer alguma coisa? Poderia ser o amor da minha vida, pensei. Ah, tínhamos tanto em comum... éramos cristãos, tínhamos criado um blog, provavelmente havíamos nascido um para o outro. Não podia ser coincidência. Fiquei animada. Não poderia ser por acaso que eu iria ter de percorrer tantos quilômetros para estudar. Fizemos juntos a contagem regressiva até chegar o dia do nosso encontro: o primeiro dia de aula em Nova Iguaçu. Uhuul.

Ele me deu as indicações de onde estaria e eu fui ao seu encontro no grande auditório onde seriam dadas as boas-vindas aos alunos e as instruções sobre as aulas. Encontrei um cara magrelo, branco, que assim que me viu virou de costas. Ué! O que aconteceu?, pensei. Será que não era ele? Sim, era ele. Apenas se decepcionou comigo. Mais uma peça que a vida me aprontava para jogar minha autoestima no buraco. Depois Jeff me escreveu e disse:

"Vamos ser bons amigos, tá bem?"

"Quem disse que eu tinha pensado em outra coisa?", respondi.

No fim das contas, começamos a sentar juntos durante as aulas no canto esquerdo da sala e aos poucos foram se juntando a nós outras pessoas que, magicamente, tinham entre si uma afinidade e tanto. Nascia ali a Conspiração: Jeff, Leo, Suzana, Suellen, Charles, Wagner — também conhecido como Chip — e eu. Estudávamos muito juntos, mas éramos mestres mesmo em falar mal dos outros. Ah, como adorávamos zoar e descarregar todos os estereótipos que também eram aplicados a nós: zoávamos a voz dos outros, a postura, nomes estranhos, trabalhos malfeitos, e também trabalhos bem-feitos. Nada passava impune pelos "conspirados".

Tínhamos professores apaixonantes: Beto, Talita, Carlos e Álvaro — que mais tarde eu reencontraria no mestrado —, além de Luizão, Aline e outros que me legaram uma nova maneira de enxergar o mundo e de questioná-lo. Sou grata a cada mestre que passou em minha vida, em especial os dessa época, apesar de ter sido duro acordar às quatro da manhã. Eu chegava atrasada com frequência e precisava negociar com os inspetores para entrar. Os mais maleáveis deixavam, os mais rígidos, não. Às vezes eu perdia aulas importantes. De tanto chegar atrasada, comecei a ser chamada de "Previsível".

De todo modo, eu ia da Penha a Nova Iguaçu sempre ávida por conhecimento. O ensino da informática, apesar de muito importante, diante das aulas de lógica, de programação e de circuitos, deixava a desejar, especialmente porque os laboratórios ainda não estavam prontos na escola recém-inaugurada — e não ficaram prontos até a nossa saída. Uma pena. Isso não impediu que alguns alunos seguissem carreira em tecnologia da informação (o que não foi o meu caso). Mas a economia de estudar em uma escola pública me permitiu investir em um curso de inglês na Vila da Penha. Aos poucos, fui ganhando um percentual de bolsa de estudos por lá e isso foi muito importante — assim consegui concluir o curso. Difícil era conciliar a logística entre Penha, Vila da Penha e Nova Iguaçu. Mas deu tudo certo.

Esses anos passaram voando e é desse tempo que eu tiro algumas das minhas memórias mais doces da época da escola. Aproveitávamos nosso passe livre estudantil para circular pela cidade, indo ao cinema e frequentando a casa uns dos outros, o que me deu um profundo conhecimento de cada canto da Baixada Fluminense, além da extensão da minha própria família; afinal, cada familiar dos Conspirados era como se fosse também da minha família, tamanho era o tempo que passávamos juntos. Também íamos com frequência ao Centro Cultural do Banco do Brasil ver exposições de arte ou circulávamos em bando pelos sebos do Centro, negociando os livros adotados ou sugeridos pelos professores. Agora, pergunte quem ia negociar o preço? Eu mesma. Éramos felizes e sabíamos.

A verdade é que éramos nerds disfarçados de descolados. Aos poucos foram chegando os agregados: namorados e namoradas. Entre os próprios conspirados chegaram a rolar alguns casos, mas acabamos mesmo amigos. A única agregada que veio para ficar foi a Amanda, que ao namorar o Chip, mesmo sendo do curso de enfermagem, passou a ser tão conspirada que integrou formalmente o time. Éramos oito adolescentes que faziam muitas coisas juntos, e esse foi um período delicioso e de muito crescimento.

Depois daquele primeiro dia de aula em que levei um toco do Jeff, meu príncipe encantado que estava mais para sapo e acabou virando meu amigo, eu tinha desistido de arranjar um par. Estava focadíssima em estudar e feliz da vida com os melhores amigos que recebi. Mas, aos poucos, um cara alto e rebelde do outro lado da sala começou a se aproximar de mim. Ele se chamava Ricardo e fazia parte do grupo dos Mulambos, meninos bagunceiros que se sentavam no fundão da sala. Ficamos amigos, trocamos telefones e passávamos horas a fio falando das aulas, da família, da vida. Eu adorava bater papo com ele, mas a Conspiração nem imaginava o que estava rolando. Comecei a sentar mais no fundão também. Daí começaram os rumores. Driblamos as fofocas dando a entender que já estávamos envolvidos com outras pessoas. A galera mal sabia! Numa viagem pra Cabo Frio (sim, esse lugar emblemático que marca vários momentos da minha vida), chamamos o Ricardo para ir junto. Ele topou e parecia todo blasé. Até que me chamou para ir à praia no meio da noite, quando a casa inteira estava dormindo, e lá demos nosso primeiro beijo. Mantivemos esse namorico por mais de um ano, nos encontrando nos pontos de ônibus e trocando beijos acalorados e intermináveis. Minha autoestima foi lá pra cima. E eu estava ainda mais animada com a possibilidade de fazer isso escondido de todos. Era o nosso segredo. Nós estávamos conspirando contra o mundo. Nova Iguaçu valeu a pena.

Quais conselhos você daria hoje para a sua versão mais nova?

7. A revolução do amor

Eu estava frustrada. Prestei meu primeiro Exame Nacional do Ensino Médio (Enem) para medicina e não passei. Na verdade, nem sabia ao certo se queria fazer medicina, mas estava impulsionada pela minha mãe e pelo fato de ter crescido num hospital. Achei que poderia ser legal e pagaria bem. Foi nesse contexto que simplesmente surgiu uma viagem para Paris. Calma, calma. Essa viagem não caiu do céu. Já contei que eu era uma jovem alta, magrelinha. Muitos diziam que eu era exótica e que poderia ser modelo de passarela ou jogadora de basquete. Como eu não acertava nem bolinha de papel na cesta de lixo, me restou tentar a primeira opção. Escrevi para uma marca de moda chamada Graça Ottoni, que me enviou dois convites para assistir ao desfile deles na Fashion Rio, a semana de moda carioca, e lá cruzei com Nadine Gonzalez, que estava organizando uma turnê para a França e para a Bélgica com meninas da ONG Lente dos Sonhos (que reunia aspirantes a modelo da Cidade de Deus). Resumo da ópera: a seleção já estava decidida, mas Nadine gostou de mim e me encaixou. Compartilhei a proposta com minha mãe. Ela hesitou, mas depois achou que poderia ser uma boa ideia. Convite aceito, a própria Nadine começou a nos dar aulas de francês para sabermos falar o básico, e fiz também aulas de passarela numa escola de modelos em Niterói, com Moisés Karran.

Antes de viajar, numa conversa daquelas bem sérias, minha mãe e minha avó me advertiram diversas vezes de que eu deveria me bloquear para qualquer tipo de relacionamento. Eu estava viajando praticamente sozinha, e elas temiam que alguém pudesse querer se aproveitar de mim. De todo modo, nem me preocupei com isso, pois já tinha iniciado um relacionamento secreto aqui no Brasil com o Ricardo. Tinha razões de sobra para recusar qualquer tentativa de aproximação. Mal sabia eu o que me esperava.

Ao mesmo tempo, eu imaginava que aquela viagem seria uma oportunidade para fazer algo diferente e ver se realmente era medicina o que eu queria fazer na vida. Hoje vejo: que bom que minha mãe me apoiou para ir na direção contrária de tudo o que nós havíamos desenhado como sinônimo de estabilidade e segurança, afinal, a oportunidade de ser modelo gerava muitas incertezas. Será que eu seria a nova Naomi Campbell? Existem poucas negras nessa área, haveria espaço para mim? Dúvidas não faltavam.

No dia do embarque para Bruxelas, onde começaria a turnê, você não imagina o que aconteceu: perdi o voo! Era a primeira vez que eu andaria de avião e não entendo até hoje se fui eu que não me informei o suficiente ou se me deram a informação errada. Só sei que cheguei atrasada. Minha mãe, os amigos do Cefet e o pastor Josimar, da igreja batista Monte Moriá, que faria uma oração por mim antes do embarque, estavam lá me aguardando. Só eu que não cheguei a tempo, pois tinha ido fazer tranças e demorei mais do que previa.

O check-in do voo já havia sido encerrado e eu fiquei desesperada. No aeroporto, havia repórteres cobrindo a saída da turnê.

Eles queriam saber o que as meninas da favela estavam sentindo ao ir para Paris e se depararam com a novidade: uma delas havia perdido o voo e, provavelmente, sua única chance de ir para o exterior. Sim, eles acharam que por ser negra e fazer parte de um projeto criado na Cidade de Deus eu também era de lá. Tiraram uma foto minha e só sei que saí no jornal fazendo biquinho de choro por ter perdido essa oportunidade.

Sobre a confusão de eu ser da Cidade de Deus, também contou um editorial que fizemos dias antes para a revista *Trip*, fotografado por Jorge Bispo na favela, o que reforçou a minha conexão com aquele contexto. Sempre fui frequentadora da Cidade de Deus por ter parte da família do lado da minha avó lá, além de vários tias e tios agregados — não falei que eram inúmeros? Mas não cresci na Cidade de Deus, como informavam as matérias cujos repórteres, na verdade, nunca me perguntaram nada, simplesmente afirmaram o fato por me associarem à favela. Como já disse, cresci na Penha, bairro do subúrbio da Zona Norte carioca, e o que me encucava não era estar associada à Cidade de Deus, mas essa ligação automática entre ser negro e favelado.

Voltando ao aeroporto, com minha torcida presente, decidimos que eu não podia desistir. Fomos até o guichê da companhia aérea e o funcionário explicou que, nesses casos, costumava se cobrar uma taxa pela perda do voo e que eu deveria voltar no dia seguinte, e eles veriam o que poderiam fazer. Só sei dizer que, no dia seguinte, eu cheguei umas oito horas antes do único voo diário para Bruxelas, que sairia no mesmo horário do que eu tinha perdido. Almocei um delicioso estrogonofe de frango no aeroporto e ficamos lá aguardando a resolução da companhia aérea. Desse dia eu me lembro de todos os detalhes. Finalmente, decidiram que eu poderia viajar sem custo adicional, já que a passagem fora viabilizada graças a uma parceria da turnê com a revista *Brazuca*. Que alívio. Liguei para o pastor e para os meus amigos, e todos ficaram muito felizes, apesar de não poderem ir ao aeroporto mais uma vez para se despedirem e me desejar sorte.

Na hora do embarque, minha mãe chorou bastante. Ela também havia tirado seu passaporte, caso precisasse ir ao meu encontro. Era a primeira vez que nos separávamos por tanto tempo: quase um mês.

Eu não tinha ideia de onde aquela aventura ia dar, apenas que seria um marco importante. Lembro que na época dei uma entrevista para a TV e disse que minha expectativa era "voltar uma nova Luana", e não deu outra. Mas na ida a verdade era que eu estava mergulhando no desconhecido. No avião, eu nem sabia colocar o cinto. Ver crianças em assentos não muito distantes fazerem isso com maestria me deixou envergonhada. Mas a minha sorte é que eu tinha um anjo do meu lado. Uma senhora sacou que eu era marinheira — ou melhor, passageira — de primeira viagem e me ajudou a ajustar o cinto. Na escala, ela me convidou para fazermos um lanche juntas. Comemos um hambúrguer delicioso e eu fiquei feliz de ela ter me convidado, assim economizei alguns euros. Então nos despedimos: ela seguiria para a Holanda e meu destino era Bruxelas. Mas eu estava atenta e já tinha pegado a manha. Fui logo para a fila para não perder a conexão. Deu certo.

Ao aterrissar, aí sim fiquei perdida. Como faria para chegar ao lugar onde estavam as outras meninas? Meu Deus, eu não entendia uma palavra do que diziam no aeroporto. O pessoal da alfândega, ao ver uma jovem negra com supercara de perdida, não hesitou em me parar. Cachorros vieram cheirar minha mala, que foi aberta, e os policiais me perguntaram sobre cada item. Só de viver aquilo eu já estava arrependida de ter saído de casa. Tudo o que eu tinha era uma carta-convite em inglês, então eles fizeram uma ligação e entendi que, do outro lado da linha, alguém confirmou que eu estava autorizada e oficialmente convidada a estar lá. Me liberaram.

Fui então em busca de um telefone público e comprei umas fichas com algumas moedas que consegui trocar. Liguei para o número que estava na cartinha e ouvi uma voz falando em português. Quase chorei. Ufa! Eles estavam vindo me buscar. No caminho, o motorista que veio ao meu encontro disse que todos achavam que eu não iria mais e estavam muito surpresos de saber que eu tinha conseguido um novo voo.

Chegamos. Ainda perdida, fui recebida por uma das meninas do grupo da escola de modelos da Cidade de Deus (ela, sim, era de lá). Ela não pareceu muito contente com a minha presença. Logo me disse: "Você fez isso de propósito, perdeu o voo só pra aparecer". Não retruquei, apenas procurei um lugar para deixar minhas malas e tentar organizar meus pensamentos. Eu precisava me concentrar em fazer a turnê e conseguir uma agência de modelos em Paris que me representasse, esses eram meus principais objetivos.

Quando achei o lugar onde dormiríamos, me sentei na cama e logo ouvi uma voz:

"Você que é a famosa Luana? Pensei que não viria, mas que bom que chegou! Meu nome é Louis e minha missão é cuidar de você."

A frase foi dita num português sem sotaque por um rapaz francês. Uau, foi uma santa acolhida. Ri, disse obrigada, e poucos minutos depois recebi um croissant, um sorriso e uma disposição para me agradar que não lembro de ter visto antes na vida. Logo descobri que Louis tinha passado a adolescência no Rio de Janeiro e, por isso, numa primeira impressão, parecia 100% brasileiro. E, ironia do destino ou não, descobri que ele já tinha viajado pelo Brasil mais do que eu. Seu pai, Michel, era expatriado e trabalhava para uma multinacional francesa. Sua família havia chegado ao Brasil em 1994. Nossa única divergência até ali era que eu era flamenguista e ele, fluminense. Mas ok, vida que segue.

Começaram os desfiles e eu logo soube por uma das meninas que Louis estava interessado em algo mais. Logo dei a negativa. Não estava ali para isso. Eu estava focada. Mas o mais engraçado foi que, apesar da minha decisão, era difícil resistir à sua doçura. Tanto que, após os compromissos de trabalho, saíamos de braços dados para conhecer a cidade. Eu disse:

"Se sua função é cuidar de mim, está fazendo muito bem, obrigada. Mas não vou te beijar, ok? Vamos ser bons amigos."

Ele entendeu e foi assim que seguimos durante toda a turnê. Mas existia uma química inexplicável entre nós. Andávamos abraçados como velhos conhecidos e eu morria de medo de alimentar algo que não teria futuro, ainda que gostasse de ser (finalmente) cortejada e estivesse retribuindo. Eu estava misteriosamente envolvida. No meu aniversário, que aconteceu durante a turnê e que seria comemorado pela primeira vez longe da minha família, ele me despertou com um croissant e comprou ingressos para vermos juntos a peça *Kirikou et la sorcière* [*Kirikou e a feiticeira*]. Até hoje me lembro da musiquinha (*Kirikou est petit mais c'est mon ami, Kirikou n'est pas grand mais il est vaillant*) que fala o quanto Kirikou é pequeno e amigo, e apesar de não ser grande é muito valente e disposto a enfrentar os inimigos. Foi superfofo. O teatro era belíssimo e durante a peça ele ia traduzindo no meu ouvido algumas falas dos personagens. Foi um presentão. Ficamos ainda mais colados um no outro.

Certo dia, estávamos caminhando de mãos dadas pela rua quando um rapaz em situação de rua nos parou e disse que o futuro da França era mestiço. Ele certamente achou que éramos um casal inter-racial. Rimos daquilo.

Mas nem tudo foram flores. Eu achava que Louis me defendia pouco das meninas que implicavam comigo por eu ter sido escolhida para participar da turnê mesmo não fazendo parte do grupo que havia sido fechado inicialmente. Quando eu entrei, uma delas teve que sair, e isso as deixou furiosas. Mas Louis sempre desconversava quando eu pedia para que me defendesse. Também achava ele meio pão-duro para algumas coisas. No dia da nossa despedida, na véspera do meu retorno ao Brasil, brigamos e eu achei que nunca mais fôssemos nos falar.

Voltei com o coração apertado. Mesmo tendo passado poucos dias juntos, era como se fôssemos velhos conhecidos. Eu estava mexida. Louis tocou meu coração de uma forma muito especial. Fazia frio no avião e eu sentia falta da sua mão quentinha.

Já no Rio, os dias foram passando e eu continuava sentindo saudades. Minha mãe e a tia Celia (uma das inúmeras tias que ganhei de presente da vida) repararam que algo tinha realmente balançado meu coração. Me disseram que se eu sentia que deveria dar uma chance a ele, poderia romper com a promessa que fizera de não me envolver com ninguém durante a viagem. Desbloqueei o coração e atendi ao seu chamado. Recebi uma ligação do Louis, que sabia meu telefone fixo, pois havia me ajudado a ligar para casa algumas vezes da França, e então eu lhe disse o que estava sentindo, que achava que poderíamos ter mais do que uma amizade. Também falei com o Ricardo e terminamos o que não havíamos começado oficialmente para o mundo.

Louis e eu passamos a manter contato e iniciamos um namoro à distância. Troca de cartinhas, e-mails, contas estratosféricas, Skype, mas valeu a pena. Louis sempre me surpreendia com sua memória — sua performance em jogos de dedução ou adivinhação é impressionante. Eu sempre fui péssima. Mas acertei em cheio quando ele me perguntou se eu sabia onde ele havia crescido:

Clermont-Ferrand (estava escrito no Skype). Ele também tinha um programa de rádio chamado Loulou do Brasil e conhecia muitas músicas. Eu amava quando ele cantava para mim no telefone! Seu repertório era de longe muito mais amplo que o meu. Eu não sabia muito de MPB porque passei parte da adolescência ouvindo músicas evangélicas, ainda que me escondesse no quarto para dançar É o Tchan. Enfim, eram divertidas e apaixonantes as nossas trocas, de perto ou à distância. Chamamos isso de "revolução do amor". Não é a Queda da Bastilha, mas achamos revolucionário ver duas pessoas que tinham pouquíssimas chances de se cruzar conseguirem se apaixonar e seguir juntas.

Quando ele veio ao Brasil, após meses de namoro à distância, fui apresentá-lo na minha igreja. Ele era católico, e o pastor logo disse que ele deveria se converter ou teríamos um casamento amaldiçoado. Perguntou se pensávamos em nos casar. Ainda era uma ideia a ser maturada. Uma cerimônia ecumênica? Nem pensar! "Maldição certa", concluiu o pastor.

Tempos depois, em 2009, aproveitando que os pais de Louis ainda moravam no Brasil, faríamos uma cerimônia civil em um cartório em Copacabana seguida de uma festinha em família para celebrar nossa união. Dançamos ao som de "La javanaise", de Serge Gainsbourg, que, junto com "Chega de saudade", de Tom Jobim e Vinicius de Moraes, e "Hey Joe", de Jimi Hendrix, acabaram se tornando algumas das músicas da trilha sonora do nosso romance.

Mais tarde, em 2011, fizemos uma cerimônia religiosa, um culto ministrado em português por um pastor brasileiro na França. Na cerimônia, minhas cunhadas e as primas do Louis cantaram "Oh happy day" num ritmo menos acelerado que os corais gospel com os quais estava acostumada, mas ainda assim foi bem lindo. A filha do pastor, que era franco-brasileira (sua mãe era francesa), fazia traduções simultâneas do sermão. Tem até uma foto do Louis com os olhos bem abertos, provavelmente chocado com algo que o pastor disse. Não lembro bem o que era. Louis é muito expressivo e sempre deixa transparecer como se sente — e eu adoro isso.

Eu estava tão emocionada que, sinceramente, não me lembro de uma palavra sequer. Estava feliz por estar ali tão apaixonada, com a minha família (que viajou pela primeira vez de avião) ao meu lado. Além de ter conhecido ou revisto alguns dos parentes de Louis, que vieram de longe para o casamento. Alguns dos nossos amigos em comum também compareceram. Escolhi Nadine Gonzalez como minha madrinha. Afinal, sem ela eu provavelmente não teria conhecido Louis. Do Brasil, apenas um amigo, que na época morava na França, foi: Aristóteles, que até hoje vive entre a França e o Brasil. Hoje olhamos nosso álbum de casamento com saudades. Alguns amigos e parentes já partiram, como o avô do Louis, o *papa* Paul. Mas sem dúvida esse momento marcou de vez as nossas vidas.

Há mais de uma década Louis vem cuidando de mim e eu dele. Carinhosamente, dei a ele o apelido de *"movie planner"*, algo como planejador de filmes, porque ele adora maratonar séries e descobrir novos filmes para assistirmos juntos na TV ou no cinema. Admiro seu repertório e seu gás. Além disso, tenho um orgulho imenso do nosso amor e de como gerou frutos como nossa afilhada Fernanda e Alice, nossa linda filhota. Temos aprendido que ser um casal inter-racial e multicultural não é só uma revolução do amor em termos visuais — um homem branco ao lado de uma mulher preta, e ponto —, mas também um conjunto de pequenas revoluções diárias que demandam que levemos todos os assuntos, como racismo, privilégio, machismo, sexualidade e outros tantos para a mesa sem tabus, com olhares atentos por onde passamos. Fazemos muitas perguntas e obtemos poucas respostas.

Ainda acho que falo pouco do nosso relacionamento. Não só para proteger nossa privacidade, que é sagrada, especialmente nesse mundo da superexposição, mas também porque não é incomum que, ao dizer que temos uma relação inter-racial e intercultural, as pessoas encarem isso de uma forma negativa, colonial e racista. Já me perguntaram se casei por interesse e às vezes tratam Louis como um ser superior, atribuindo a ele toda e qualquer conquista, ignorando a nossa história e complexidade, além dos papéis de cada um na nossa construção coletiva.

Recentemente problematizamos até o fato de, na França, apesar do famoso lema "Liberdade, igualdade e fraternidade", pessoas negras, de origem árabe ou não brancas não terem acesso igual às oportunidades de emprego. E de o censo deles, por exemplo, não permitir oficialmente a declaração de cor e raça, de modo que seria possível detectar mazelas sociais. Liberdade, igualdade e fraternidade... esse lema é lindo, mas na prática é para quem mesmo?

O importante é que, entre tantas questões e reflexões, caminhamos juntos. E agora na companhia de Alice temos a responsabilidade ainda maior de darmos nosso máximo para sermos futuros bons ancestrais que deixarão (ou pelo menos terão tentado deixar) um legado positivo e propositivo.

> *Quais mensagens você gostaria de deixar*
> *para as próximas gerações? E o que você está*
> *fazendo agora para que isso aconteça?*

8. Você é tão bonita

"Menina pretinha/ exótica não é linda./ Você não é bonitinha./ Você é uma rainha." Quando ouvi "Menina pretinha", música cantada por MC Soffia, na época ainda uma criança, me deu um quentinho no peito, uma esperança de ver vozes das novas gerações se levantando contra as agressões presentes na nossa linguagem, nas atitudes do dia a dia que nos acostumamos a naturalizar. Por que uma menina preta não pode ser linda? Por que ao adjetivar nossa beleza nos chamam de exóticas? O exótico, pelo que aprendi de minhas leituras do antropólogo Gilberto Velho, é o "não familiar", o que está distante de nós. Que incoerente, ainda mais num país onde mulheres negras são maioria! Nossas belezas não são valorizadas o suficiente ou são sub-representadas na mídia. Ao longo da minha vida, isso sempre foi visível, mas era algo que eu não conseguia nomear ou expressar com a devida força.

Até que um belo (ou feio) dia, eu ouvi: "Você é muito bonita, mas tem um problema. Você é negra". Essa frase foi dita em inglês por um agente de modelos durante minha primeira viagem a Paris, em 2007. Na época eu falava inglês, mas ainda não era fluente em francês. Lembro-me de ter colocado meu salto mais alto, um short que deixava minhas longas pernas bem aparentes e um top que reforçava os ombros largos. Estava confiante. Vestida para acertar em cheio e conseguir meu objetivo. Nadine Gonzalez também me deu uma superforça para ir até a agência. Ela estava na torcida e havia me ajudado a escolher o look. Eu fui sozinha até o local, pois meu então novo amigo Louis não podia me acompanhar por estar trabalhando.

Fazia frio, mas o dia estava ensolarado. Eu fiquei mais nervosa ainda quando pisei naquele lugar tão chique e conhecido por agenciar grandes nomes da moda. Fui com meu book e um livro com as fotos que Nadine tinha me ajudado a escolher: sessões fotográficas que havíamos feito antes da turnê. Esperava que me dessem sorte. *Bonjour, attendez*. Entrei e a recepcionista me pediu para aguardar sentada num sofá bem confortável e bonito. Na minha frente havia uma mesa cheia de revistas de moda, e nas paredes ao redor quadros com algumas das principais capas estreladas pelos modelos da agência.

Era o dia de receber as chamadas *new faces*, as caras novas da agência. Poucos minutos depois, foram chegando mais meninas. Eram mais de cem, com certeza. Fui a primeira a chegar e, para minha surpresa, a última sair. Ao me ver, o rapaz que parecia ser o responsável pela seleção me falou: "Me espera. Quero falar com você". Fiquei com uma baita expectativa. A espera não seria em vão. Ou seria? Se saí da Penha para ir até Paris, aquilo devia ter um propósito. Ou pelo menos era o que eu esperava.

A fila andava rápido. Muitas meninas iam embora chorando ou com cara de raiva. Meu estômago foi ficando cada vez mais embrulhado. Poucas tinham um ar de contentamento, o que me passava a mensagem de que era uma seleção bem criteriosa. A diferença entre mim e elas era que todas eram brancas.

Depois de quase duas horas, o rapaz veio até mim e disse a tal frase. Ele explicou que ser negra era um problema na moda, pois negras trabalhavam menos. Como recebiam menos ofertas de trabalho para campanhas e desfiles, eles aceitavam representar um número bastante reduzido de modelos negras. Ele me apontou um grande mural com os composites, isto é, as fotos das agenciadas, e entre os mais de trezentos rostos consegui contabilizar umas três negras. E, segundo o *booker*, eles já haviam chegado ao número limite que poderiam ter naquele momento. Mas disse que via em mim potencial, que eu era bonita, alta, magra e que deveria buscar outras agências, tentar uma brecha. Quem sabe uma das meninas negras teria acabado de sair de uma das outras agências ou estaria de férias? Ele estava certo de que eu iria conseguir a minha brecha e, com ânimo, me desejou boa sorte e se despediu.

Para mim, esse episódio foi um marco. Fiquei triste e frustrada, mas entendo hoje que foi um dos maiores presentes que a vida poderia ter me dado. Significou um despertar e gerou muitos questionamentos. Por que eu deveria me contentar com uma brecha? Por que pessoas negras precisavam disputar migalhas? Então quer dizer que não bastava ter sido chamada de "cabelo ruim", de "macaca", ter mudado de escola por causa disso e nunca ser a mais bonita da sala? Quando finalmente eu achava que poderia dar a volta por cima, era justo ser mais uma vez deixada para trás em uma oportunidade? Por que tinha que ser assim? Racismo não era só no Brasil, então?

Voltei com a cabeça fervilhando para o apartamento onde estava hospedada com as outras meninas, no bairro de Pigalle, no norte de Paris. Tentava encontrar uma saída, lutando contra a facada que aquela resposta desanimadora tinha sido, que havia tirado muito da minha energia. Mas eu estava obstinada a aproveitar a turnê e a minha estadia na França para conseguir ser representada por uma agência, que era o único caminho, até onde eu sabia, para consolidar uma carreira de modelo profissional. Já que estava em Paris, sabia que não poderia estar só a passeio. Entre os compromissos já destinados à turnê, como fotos e desfiles, eu aproveitava para conhecer a cidade, sim, mas também planejava como poderia alcançar o meu objetivo profissional.

Fui à torre Eiffel com ele, como sempre, o meu "amigo" Louis. Ele ficou chocado quando lhe contei sobre o que acontecera na agência. Indignado com a situação, até se prontificou a voltar lá comigo para questionar o agente. Preferi que usássemos nossas forças para buscar outra oportunidade.

Nos seus dias de folga, ele me ajudou a mapear quais agências recebiam as *new faces* e fomos juntos a mais três delas. De duas, entre as mais renomadas, recebemos a resposta de que já estavam com o número de modelos negras preenchido e nem quiseram me receber. A terceira era bem pequenininha e pareceram entusiasmados. Mas Louis não confiava no porte da agência. Enquanto todas as outras eram conhecidas mesmo por quem não era da área, aquela, a única que mostrou empolgação e carinho comigo, não era. Pouco confiantes, declinamos da proposta de agenciamento deles e ainda fico me perguntando se isso foi um acerto ou um erro. Afinal, às vezes deixamos de valorizar quem nos valoriza.

Louis constatou a dificuldade de ser negra na moda e reconheceu o quanto a discriminação racial estava presente naquele métier mimetizado pelo luxo dos ambientes e pelas poses das modelos. Eles estavam satisfeitos com a pouca presença de garotas negras e de não representarem uma grande variedade de nós, com nossos rostos, corpos e histórias diversos. Ainda assim, eu insisti. Sou cabeça-dura.

No penúltimo dia da minha estadia em Paris, fui visitar mais uma grande agência que disse gostar do meu perfil, mas que eu provavelmente teria mais chances de trabalhar com eles na próxima semana de moda, quando estimavam precisar de mais pessoas negras. Naquele momento não poderiam investir em mim e bancar minhas despesas para que permanecesse na cidade. Frustrada, mas feliz com a pontinha de oportunidade que surgiu, voltei para casa, fiz minhas malas e retornei ao Brasil.

De volta, tudo o que haviam me dito sobre como ter experiências no exterior te tornava mais valorizada pareceu fazer sentido de alguma forma. Quando eu ia às agências e contava que tinha perspectivas de voltar a Paris, os agentes pareciam mais receptivos. No Rio de Janeiro, consegui ser rapidamente contratada por uma agência de médio porte. Peguei alguns trabalhos entre desfiles pagos e fotos para revistas (em geral não pagas). Já era um dinheirinho a mais. Depois fui a São Paulo de ônibus com minha mãe assistir aos desfiles da semana de moda e fazer contatos. Lá também visitamos algumas agências. Uma delas me deu quinze dias para perder alguns quilos e então ser agenciada por eles. Voltei para casa resolvida a só comer alface. A agência era grande e, na minha cabeça, seria o caminho que eu precisaria percorrer se quisesse levar a sério a profissão.

Nesse meio-tempo, acabei recebendo um convite de outra agência, menor, mas que parecia querer cuidar da minha carreira. Aceitei. Achava curioso que muitas agências tinham nomes formados por apenas três letras: EGO, TEN, WAY. Até hoje me pergunto se é alguma superstição. Fiquei com uma agência no Rio e outra em São Paulo, e transitava entre lá e cá, de acordo com as temporadas das semanas de moda e os trabalhos.

Maurício, *booker* da agência em que decidi ficar em São Paulo, a EGO, era atencioso e me dava conselhos sobre quais trabalhos pegar ou não e sobre carreira internacional. Eu gostava disso. Ele era um achado no meio de tanta gente metida a besta, ou que pelo menos vestia essa persona para viver uma fantasia de luxo. Maurício também me explicou a lógica dos pacotes. Agências maiores fechavam um pacote de desfiles com as modelos e isso dificultava as menores de negociar entradas ou valores maiores de *new faces*, especialmente se fossem negras. Afinal, quando se apegavam a uma menina negra, era ela que estaria em todos os desfiles fechados no acordo, e assim não havia espaço para outra. Isso porque a lógica racista ditava que fosse apenas uma. Pouco a pouco, fui descobrindo que isso não se limitava apenas à moda, mas ao mercado de trabalho de um modo geral.

Fiz por essa agência alguns desfiles nas semanas de moda do Rio e de São Paulo e fui morar com algumas outras modelos, dividindo um apê em Pinheiros, na capital paulista. Lá fiz amigas queridas, que compartilhavam comigo seus trabalhos e os valores que recebiam — e foi assim que descobri que, em trabalhos semelhantes aos delas, eu ganhava menos (além de ter menos propostas de trabalho e castings). Cheguei a acompanhá-las em suas seleções, e algumas pessoas perguntavam por que eu não tinha sido enviada pela agência. E assim mais dúvidas me vinham à cabeça: era o cliente ou a agência que me gongava?

Meus questionamentos, a propósito, sempre eram indigestos para os *bookers*, mesmo eu me esforçando para ser o mais doce possível. Maurício era o único que me explicava tudo com mais detalhes, mas ele logo saiu da agência onde eu estava. Eu continuava tendo muitas perguntas sobre salário, quantidade e o perfil dos trabalhos que recebia — que, no meu caso, eram na maioria associados à África ou à favela. O problema não eram esses temas, mas estar limitada a eles.

Uma vez, em plena São Paulo Fashion Week de 2008, um jornalista me abordou e perguntou como eu me sentia sendo uma das poucas negras presentes no casting de um grande desfile. O tema estava em voga, especialmente porque o frei David, presidente da ONG Educafro, pleiteava cotas para os desfiles. A Educafro chegou a promover um desfile na escadaria da Catedral da Sé com mais de cem modelos negros para reivindicar uma maior participação na São Paulo Fashion Week. Para o jornalista, eu falei abertamente sobre como achava absurdo termos pouca representatividade nas passarelas, que as oportunidades para meninas negras vinham a conta-gotas, e me senti fazendo a coisa certa.

Após o desfile, voltei para casa com um sentimento de plenitude, não só pelo trabalho realizado, mas por ter podido me expressar sobre algo que eu achava superimportante. Quando a matéria saiu, tendo como uma das personagens Luana Martins — o nome que eu assinava antes de me casar —, fui chamada na agência e levei um sermão. Ouvi frases do tipo: "Como assim, racismo? Se eu fosse racista não te colocaria para desfilar", "Se houvesse racismo você não estaria lá", "Você nunca terá sucesso na moda se ficar abrindo a boca para falar de racismo", "Os clientes te pagam pra desfilar e posar, não pra falar de racismo".

Naquele momento, meu mundo caiu. Me incomodava ter que me calar. Fui tentando me acalmar, mas era difícil. Senti um misto de raiva e medo por não poder seguir fazendo o que eu achava certo. Bateu a insegurança e pensei que me calar seria o melhor caminho. De início, achei que tinham me colocado na geladeira. Não me chamavam para tantos trabalhos quanto as outras meninas, por exemplo. Depois, me dei conta de que isso já acontecia antes e que continuaria acontecendo de qualquer jeito, comigo abrindo a boca ou não. Então, colocando tudo na balança, entendi que eu não tinha muito a perder se passasse a fazer o que meu coração pedia.

Eu queria muito ter uma nova oportunidade de voltar à França e conseguir uma agência internacional para me representar, o que me deixaria menos dependente de uma única agência. Além de ser mais um pretexto para rever Louis, que a essa altura eu já namorava à distância. Trocávamos correspondências e eu compartilhava com ele meus anseios e vontades. As respostas das agências vinham num ritmo aquém do que nós queríamos.

Ele então decidiu vir ao Brasil assistir a alguns de meus desfiles na semana de moda carioca, em 2008. Passamos momentos superfofos juntos e planejamos os próximos passos, que incluíam caminhos profissionais que — intencionalmente — nos levassem para os braços um do outro. Endossei com minha agência que gostaria de voltar a Paris, mas combinei com Louis que, se não fosse enviada logo, eu iria por conta própria e faríamos uma nova busca por lá, do nosso jeito. O "não" e o "problema por ser negra" eu já tinha. Agora eu contava com mais experiência, mais confiança e um amor que me inspirava e me fazia sonhar com dias melhores.

Logo comecei a achar tudo muito lento. Não sentia boa vontade dos agentes no planejamento da minha carreira e percebi que se não insistisse com eles as coisas não andariam. Esperamos alguns meses por resposta e alinhamentos, então Louis e eu decidimos comprar a passagem. Também não aguentávamos mais de saudades um do outro. Mas, como a Lei de Murphy me persegue, tudo que podia dar errado aconteceu. Assim que reservei a passagem começaram a brotar vários convites para trabalhos pagos incríveis em São Paulo. Ficamos com o sentimento de que estávamos com pouca sorte no timing, mas, em bom francês, *tant pis* — uma pena! Embarquei para Paris e acabei perdendo os trabalhos.

Chegando lá, marcamos com algumas agências. Minha agência de São Paulo no final me ajudou a fazer algumas conexões. No meu segundo rendez-vous, apareceu a tal brecha e enfim consegui uma representação em Paris. Fechei com a Mademoiselle, e os trabalhos começaram, especialmente durante as semanas de moda. Para minha sorte, um colega de Louis alugou um apartamento para mim a um preço bem em conta. Foi ótimo, pois se eu decidisse ficar no apartamento da agência iria pagar os olhos da cara, e o valor seria descontado dos trabalhos que eu pegasse. Fiz até amizade com algumas brasileiras que também eram representadas pela minha agência. Todas brancas.

No caso delas, a agência havia bancado a viagem até lá, eram as apostas, diferente de mim, que tinha chegado por conta própria e morava num apartamento que não era deles. Elas recebiam um volume maior de trabalho, mas aos poucos vi que também enfrentavam uma grande pressão: eram pesadas semanalmente e viviam sob a ameaça de que, se ganhassem alguns quilos, seriam mandadas de volta ao Brasil. Comigo também havia pressão sobre o peso e as medidas do corpo, mas eles não podiam ameaçar me mandar de volta para casa porque eu não dependia deles para estar ali. No caso das meninas, eles também davam a elas uma quantidade de dinheiro semanal, o chamado *pocket money*, que poderia ser cortado pela metade caso engordassem. Assim elas não poderiam comprar tanta comida, o que as "ajudaria" a emagrecer, na lógica deles. Um verdadeiro absurdo, que nunca me caiu bem.

Nessa época, as discussões sobre bulimia e anorexia ganhavam cada vez mais relevância. E até hoje devem ser olhadas com atenção. Algumas modelos confessavam que vomitavam logo após comerem, e aquilo literalmente me enjoava. Se a moda me permitia viver coisas incríveis, como conhecer outras culturas, fortalecer minha autoestima e trabalhar com criatividade, esse outro lado, tão pesado, me impactou muito. Isso sem contar as denúncias de assédio e prostituição. Rolavam boatos de que muitas meninas que não pegavam trabalhos — e isso em Paris ou São Paulo — eram indicadas para sair com clientes das agências e assim conseguirem pagar suas dívidas (os apartamentos e adiantamentos financeiros). Nunca passei por uma situação dessas. Mal era convidada para os trabalhos formais e, graças a Deus, nunca fui também para os informais, mas sabia que acontecia pelos relatos das meninas.

Meses depois, recebi um convite para passar uma temporada em Londres, pela Zone Models. Como Louis só vinha me visitar de vez em quando mesmo, pois estava alocado em um jornal fora de Paris, lá fui eu. Combinamos que ele iria me ver sempre que possível, pegando trem ou ônibus e barco. Foram inúmeras as vezes que fizemos a travessia França-Inglaterra. Para mim, era corriqueiro tomar o ônibus e o barco. Os trens eram sempre muito mais caros, um luxo que consegui me proporcionar apenas umas duas das dezenas de vezes que fiz esse trajeto. Acho que até os cachorros que ficavam de guarda na fronteira me conheciam.

Em Londres, eu estava 100% a convite da agência. Emitiram o visto, providenciaram a casa, as passagens e o dinheiro semanal. Já havia uma série de trabalhos destinados a mim, parecia um sonho. Até que veio a recessão econômica de 2008 e os trabalhos encolheram, ou pelo menos era o que a agência dizia. De toda forma, a maioria dos castings aos quais eu era direcionada era classificada como "étnicos", ou seja, havia uma espécie de etiqueta de temas para as quais modelos negras eram enviadas. Eram recorrentes temas relacionados ao continente africano com as estereotipadas estamparias animais, por exemplo.

Um dia, andando na rua, fui abordada por um olheiro. Ele estava recrutando modelos ou pessoas com "porte de modelo", mas não representava uma agência: ele trabalhava na Abercrombie & Fitch, uma grande empresa de varejo cuja loja parecia uma balada. Eles ofereciam horários flexíveis, pois parte do seu casting era de modelos associados a agências, que volta e meia tinham uma quantidade maior ou menor de trabalho. Eu, que não queria ficar entediada à espera de um desfile e sem dinheiro, aceitei participar da seleção. Passei. Meu trabalho na A&F, como a chamávamos, era ficar circulando pela loja e dizendo: "Hi" (Oi). Eles tinham vendedores de verdade, que vinham ajudar quando os compradores precisavam, mas os modelos estavam lá para dar um clima de festa. Na porta, por exemplo, as pessoas eram recebidas por homens sem camisa. E eu estava certa de que o público era atraído, acima de tudo, por essa jogada de marketing. Hoje a rede não está no seu melhor momento, mas na época era bem badalada. As pessoas faziam fila para entrar. Parecia um ponto turístico.

Enquanto fazia os poucos trabalhos que chegavam pela agência e ganhava mais uns trocados na A&F, recebi um convite para integrar o casting de uma agência na África do Sul. Louis não gostou muito da ideia a princípio. Comigo em Londres, podíamos nos ver com frequência. Em Cape Town não seria a mesma dinâmica, estaríamos separados de novo, cada um em um continente. Aleguei que aquele era o meu momento de viver essa oportunidade, e concordamos que eu deveria ir. Lá fui eu para mais uma aventura.

Eu banquei a passagem, mas a agência pagou a casa, o que me ajudou a não ter uma dívida tão alta logo de cara. Lá trabalhei bastante. Fazia muitos catálogos. Das campanhas, uma em especial me marcou. Foi para uma empresa nigeriana de telefonia e na qual eu era a estrela. Nos dias de filmagem, eu tinha um camarim só para mim, além de um motorista que ficava à minha disposição.

De todo modo, imaginei que na África do Sul iria receber propostas mais diferentes de trabalho. Fui enganada pelo meu ideal de uma "África" imaginada. Passei por situações em que não era chamada para um trabalho porque minha pele era escura demais. Parece absurdo isso acontecer no continente africano, mas a essa altura eu já tinha entendido que o racismo era um sistema global e que, quanto mais clara fosse a cor da pele e menos crespo o cabelo, mais fácil era ter uma estética que fosse aceita mundo afora. A colonização, de certa forma, implantou essa lógica. Amigos sul-africanos e de outros países do continente me contavam que, em alguns lugares, se comercializavam até mesmo cremes para clarear a pele. Fiquei chocada com a crueldade disso.

    O dono da agência era italiano e branco, e, pelo que eu observava, a maioria dos trabalhos que pagavam mais, como campanhas de cabelo e produtos de beleza, ia para meninas brancas (sul-africanas ou de outros países). Mas lá encontrei uma frequência maior de trabalhos e fiquei feliz em ter a agenda preenchida, ainda que esbarrasse, de tempos em tempos, nos estereótipos — grande parte da equipe de maquiadores e fotógrafos com os quais trabalhei eram brancos que falavam afrikaans entre si. Havia muitos negros e os que se autodeclaravam indianos em cargos de motorista, faxineiro, segurança etc. Ou seja, de muitas formas, havia semelhanças com o que eu vivia no Brasil.

    Passei parte do primeiro semestre de 2009 em Cape Town e fui me acostumando com o lugar. Logo que cheguei, por exemplo, me alertaram para não sair a pé sozinha, pelo perigo de assaltos ou outros tipos de violência, mas era uma tortura estar em um dos lugares mais lindos que eu já tinha visto sem poder bater perna. Logo eu, que cresci andarilha... Com o tempo, fui descobrindo quais locais eram seguros e por onde eu podia circular tranquilamente.

    Em Cape Town, o saldo no quesito trabalhos e amigos foi superpositivo. Fiz amigas como Lois, Latoya e Tandi e até frequentava uma igreja onde as pessoas se cumprimentavam com selinhos e bebiam cerveja artesanal (algo novo para mim). Eles tinham um estilo de vida muito parecido com o carioca, além dessa combinação de praias e montanhas que eu tanto amo.

Lembro que nas minhas folgas eu adorava ir ao Fresh Market comprar legumes fresquinhos. Também ia muito ao Pick n Pay, a rede de supermercados de lá. Fiz amigos para a vida, como Didier, dono da marca Magents, e York, um outro amigo querido que me dava dicas e direcionamentos. Como boa curiosa, também tive a sorte de escalar parte da Lion's Head, uma montanha famosa de lá, e visitar (e até fazer uma sessão fotográfica) a Table Mountain, outra formação rochosa incrível.

Certa vez, uma senhora veio me pedir uma informação em xhosa, uma das línguas locais, e eu não soube responder. Ela ficou pau da vida. Era comum as pessoas terem dificuldade de saber de onde eu era. Curiosamente, muitos conseguiam reconhecer a origem étnica dos outros só pelos traços físicos, mas comigo era difícil acertarem quando tentavam adivinhar a minha.

Aprendi bastante e, pouco a pouco, fui percebendo algo que eu gostava de fazer: pesquisar sobre a temática do racismo no mundo e pensar em maneiras de lutar contra essa lógica tão bizarra e tão global. Assim, apesar das oportunidades, algumas promissoras, e um convite para passar um tempo na China, do qual declinei, comecei a ficar impaciente. Louis e eu nos questionávamos sobre os próximos passos. Ele recebera uma boa proposta de emprego em Marseille, em um jornal local, mas o trabalho seria apenas temporário e ele não sabia se poderia se transformar em uma proposta fixa. Então havia incertezas. Do meu lado, eu não sabia quanto tempo duraria esse ritmo intenso de trabalho em Cape Town e comecei a me sentir mal com essa montanha-russa de emoções. Tinha uma semana abarrotada de trabalho e outra sem nada para fazer, e ainda por cima longe do Louis e da minha família.

Sei que as coisas demoram para acontecer na moda e na vida, mas eu não estava nem aí. Minha intuição falou mais alto. Decidi que iria à França e, de lá, voltaríamos para o Rio de Janeiro. Segui meu coração ao quadrado e essa foi uma das melhores decisões que tomei. Seria o fim oficial da minha temporada integral como modelo, que durou quase dois anos. Mas eu me sentia bonita e com um propósito: faria da minha dor a minha luta. Uma escolha nada fácil, mas que me fortaleceu muito.

Qual foi a escolha mais difícil que você já tomou e como você acha que isso te fortaleceu?

9. Para além do espelho

Nas passarelas é cabeça erguida, tronco ereto, bunda pra dentro, passadas largas e rápidas, olhar fixo na câmera. Nas sessões de fotos, é outra dinâmica. Precisa ter criatividade e sutileza ao fazer caras e bocas — movimentos captados pelos muitos cliques dos fotógrafos entre ajustes de luz e de postura. Enquanto a pessoa que fotografa e a equipe do cliente (que pode ser uma revista ou um anunciante) não estiverem felizes, a modelo não pode deixar o set. Dependendo do contexto, olhos fechados combinados com um sorriso bem largo podem ilustrar um editorial sobre felicidade ou até mesmo viagens.

Por vezes, os direcionamentos eram vagos: "Faça uma cara sexy", "Quero um olhar profundo". Outros eram mais calculados: "Preciso de um olhar semicerrado, boca fechada e cabeça num ângulo de 45 graus". Eu passava algumas boas horas fazendo um monte de caras diante do espelho, descobrindo um lado lúdico que até então eu nem sabia que tinha. Aprendi a rir de mim mesma, a criar histórias e contextos para "entrar no clima". Passei a me curtir e a trabalhar minha autoconfiança.

Era desafiador criar personas sem ser atriz e depois conferir o resultado na publicação ou durante o desfile. Era gostoso usar roupas tão diferentes e ousar em looks que eu jamais sonharia vestir por tabu ou por simples falta de acesso — como uma roupa rígida e metálica que usei num desfile do Paco Rabanne, que pesava quase mais do que eu. Bem louco.

E eu sempre ficava curiosa com como a foto seria utilizada, se eu poderia ter uma cópia, quem ia ver, o que achariam. Eu precisava correr atrás, porque ter acesso aos trabalhos prontos nem sempre era fácil. Minhas inúmeras perguntas às vezes despertavam interesse nos fotógrafos, e acabávamos estabelecendo um diálogo mais profundo sobre o conceito da sessão, e alguns até pediam uma opinião. Outras vezes, elas causavam estranheza: "Por que essa menina quer saber tanto?", me disseram uma vez. Para mim, soou deste jeito: "Ela é só a modelo negra, está aqui para posar e pronto".

A moda para mim é como limões que me renderam uma bela limonada. E sou grata a cada um que me deu ou não oportunidades, limões doces ou amargos. O amargo eu experimentava sobretudo quando era silenciada das mais diversas formas, sendo categorizada como um corpo que só estava lá para obedecer, e não para perguntar, participar, se envolver. Ou eu sentia esse amargor por ter que me manter dentro do padrão estético magro, que eu tinha medo de perder. Se engordasse, não conseguiria mais trabalhos, que já eram mais escassos que os das minhas colegas. Eu vivia comprimindo o abdômen, ficava de pé de uma forma que minhas coxas parecessem mais finas, tudo para atender a um certo tipo de corpo que se inspirava no padrão europeu, diferente do meu.

Num exercício de autoconhecimento, percebi o quanto aquilo me incomodava. E uma parte importante de mim não ficava a pleno vapor quando não podia fazer perguntas. A limonada veio depois, quando fui descobrindo que questionamentos e cliques eram opostos, e me vi cada vez mais apegada aos primeiros e cada vez menos aos últimos.

Eu, que adoro metáforas, gosto de dizer que a moda foi o avião que me levou a alçar voos inimagináveis para uma garota da Penha que não imaginava todas aquelas possibilidades. Destinos como Paris, Bruxelas, Londres e Cape Town me pareciam muito longínquos ou apenas cenários de filmes. Esse avião também me rendeu turbulências intensas. Uma vez literalmente, inclusive, porque o voo que peguei de Londres a Cape Town tremia tanto que parecia que ia cair, e me lembro bem do medo que senti. Voltando para a metáfora, nessa fase da vida aprendi a levantar uma voz que já habitava em mim, mas cuja potência eu desconhecia. Se a moda me ajudou a olhar para o espelho com mais carinho, me convencendo a chamar de beleza aquilo que o mundo externo chamava de exótico, também me ensinou que o silenciamento incomodava e que eu queria mais. Ao me sentir apagada e emudecida, percebi que minha beleza ia além do espelho — e que minha voz era seu grande complemento.

Pouco a pouco, aprendi a dar nome ao que eu experimentava em todos os lugares por onde passei: racismo estrutural.

Em nossos planos de voltar ao Brasil, eu queria retomar meus estudos, enquanto Louis trabalharia aqui como jornalista. Nos casaríamos e começaríamos a escrever juntos os próximos capítulos da nossa vida, tão incertos quanto as oportunidades de trabalho que tínhamos em mente. Com um empurrãozinho do universo, a proposta que Louis aguardava de efetivação no jornal francês onde trabalhava acabou não dando certo. Porém foi nessa mesma época que recebi aquele convite para ir à China. Fiquei balançada. Amo novas viagens e aventuras, mas não botei fé que esse seria um bom caminho. Nossos planos já estavam traçados.

Voltamos juntos para o país em 2009. Nos casamos e prestei de novo o vestibular, agora não mais para medicina, mas para comunicação — impulsionada pelas minhas experiências na moda, pela minha paixão por falar e questionar e pelo meu jornalista de plantão, que eu ainda estava me acostumando a chamar de marido. Também mudei meu nome. Eu acreditava que precisava virar a chave da época de modelo para me tornar uma comunicadora e passei a assinar Luana Génot, não mais Luana Martins. Sei que é uma questão assumir ou não o sobrenome do marido, mas, no fundo, apesar de Martins representar o nome do meu pai (Luiz Carlos Martins), me dei conta de que nossos ancestrais tiveram seus nomes trocados pelos nomes dos colonizadores. Então, entre um nome inventado e esse novo nome associado ao amor que eu escolhi, optei pelo novo, ainda que tenha mantido todos os nomes anteriores. Fora que só havia uma Luana Génot no Google, e isso ajudaria no meu posicionamento como comunicadora. Nessa época, passei a fazer escolhas mais intencionais.

Entrei na Pontifícia Universidade Católica do Rio de Janeiro (PUC-Rio) e consegui uma bolsa integral por desempenho acadêmico. Nessa época, comecei a fazer aulas de francês com minha sogra, Isabelle. Devo a ela minha fluência no idioma. Professora de muitas disciplinas, entre elas o francês, sempre paciente e com muito talento para ensinar, aprendi com ela a navegar no *Bescherelle*, livro de referência para o ensino da gramática francesa. Eu fazia as aulas no contraturno da universidade. Isabelle e meu sogro, Michel, moraram no Rio até 2010. A casa que tinham na Zona Sul era nossa segunda morada quando ficava tarde para voltar para Vargem Pequena, na Zona Oeste, onde vivíamos, um suporte e tanto no primeiro ano de universidade.

Não cheguei na PUC a passeio. Resolvi fazer da vida universitária uma experiência intensa e passava muito tempo no campus. Logo no primeiro semestre, arranjei um estágio na ilha de edição de vídeos. Meu chefe ali era o Annibal, um senhor branco com cara bem séria, que detestava meus atrasos. E com razão. Mas era bastante tensa a jornada entre Vargem Pequena e a Gávea. Poderia durar quarenta minutos ou três horas, dependendo do trânsito da manhã. Logo após o primeiro semestre, passei a usar os recursos do Fundo Emergencial de Solidariedade (Fesp) da PUC, essenciais para que eu pudesse ter almoço gratuito no campus e o cartão de passagem. Almoçar e lanchar todos os dias no campus ou no entorno, em plena Zona Sul carioca, e pegar dois ou mais ônibus eram gastos consideravelmente altos para o nosso orçamento. Esse subsídio também me permitiu comprar alguns livros na livraria da universidade, a Carga Nobre, o que me apoiou muito.

Sou, portanto, defensora de toda e qualquer ação que seja direcionada a grupos de baixa renda e cotas raciais, como passou a ser o Prouni. Você sabia que as cotas são medidas temporárias para a correção das desigualdades? Digo isso porque muitas pessoas, inclusive eu, não sabiam bem como defender esse recurso quando rolava uma discussão na sala de aula. Havia quem refutasse dizendo que pretos e pobres não deveriam ser tratados como incapazes e ter medidas direcionadas só para eles. Passei por discussões que tornavam as cotas um favor e um desmerecimento à capacidade intelectual de pretos e pobres. Houve ainda quem ousasse dizer que cotas baixariam as performances do curso.

Eu vivi entre bolsistas e cotistas, e os estudantes que conheci eram os mais excelentes e esforçados. Se tem uma coisa que sabíamos fazer, e isso era comprovado, era elevar as notas das turmas e oferecer a possibilidade de outros pontos de vista em algumas discussões. Óbvio que essa é uma análise generalista, cada trajetória é única, mas falo da minha experiência. Nós, como um grupo, éramos infinitamente mais dedicados e menos blasés com a oportunidade de cursar o ensino superior e desfrutar as possibilidades que poderiam se abrir. Só depois, mais para o fim da graduação e com mais repertório, passei a levantar minha voz nas discussões e defender as cotas, alertando outros bolsistas de que deveríamos defendê-las como um direito, uma reparação e uma conquista, e não como algo ruim. Devíamos ter orgulho de sermos bolsistas e cotistas.

Desde que entrei já sabia que queria discutir moda e racismo e que isso iria influenciar muito a minha produção acadêmica. No início da faculdade, eu ainda fazia alguns trabalhos como modelo no Rio de Janeiro e criei um blog chamado O Lado Negro da Moda para divulgar um pouco das minhas vivências. O nome era um paralelo com o lado negro da Força, de *Star Wars*, mas mostrando que esse era um lado que todos precisavam conhecer, subvertendo assim o traço maligno do sentido original.

Minha descrição no blog era esta:

> Sou Luana Martins/Génot. Sou modelo e, atualmente, estudante de comunicação social. Sou representada por agências em São Paulo, Rio de Janeiro, Londres, Paris e Cape Town, na África do Sul. As minhas experiências com a moda me fizeram vivenciar seu caráter paradoxal: a beleza global dessa expressão artística extravagante, e por outro lado o seu infeliz lado segregacionista. Quem pode ditar o que é belo? Quem tem o direito de superiorizar ou inferiorizar uma pessoa por causa da sua cor de pele? Esse paradoxo e os meus questionamentos sobre ele me atraíram para o lado negro da moda.

Nessa época, eu já era conhecida na universidade por falar sobre o racismo na moda. Na PUC, para além do que se aprende dentro e fora da sala de aula, os contatos são superimportantes. Mesmo não conhecendo ninguém, procurei furar algumas bolhas. Uma forma que encontrei para me incluir foi realizar eventos sobre a pauta racial com o apoio da universidade, como o Glamazônia, do qual falarei melhor mais adiante. Dessa forma, eu me destacava entre outros alunos que estavam ali só para chopadas e frequentar os centros acadêmicos. Nada contra. É que, no meu caso, eu encarava aquela oportunidade como rara. Era a primeira da minha família a ter acesso ao ensino superior, e ainda por cima com bolsa integral. A flecha tinha que ser certeira. Acho até que eu poderia ter me permitido me divertir um pouco mais. Ao mesmo tempo, como morava muito longe da universidade, precisava escolher entre diversão e sono. Afinal, o hiato entre o fim de um dia e o início de outro, por conta do deslocamento de mais de duas horas entre a Gávea e Vargem Pequena, era bem curto. De mais a mais, me matriculei em todos os cursos que podia, além dos de comunicação. Fui do empreendedorismo ao design para aprender e descobrir no que eu era realmente boa. No meio disso tudo, confirmei que era uma boa oradora. Eu não era só alguém que levantava a voz, mas alguém que as pessoas paravam para ouvir.

No meio do curso, consegui um feito que depois se mostraria extremamente importante: me tornei uma das poucas alunas negras a fazer parte do Ciência sem Fronteiras, um programa da Capes.[1] Desde a entrada na universidade, eu nutria o desejo de fazer um intercâmbio. Todos os que eram ofertados pela PUC-Rio eram caríssimos, ainda mais com as cotações em outras moedas. E os que ofereciam bolsas eram destinados à pós-graduação. Ou seja, eu teria que esperar muito tempo até conseguir uma oportunidade viável. Mas, como você já deve ter percebido, esperar não é o meu forte. Eu fiquei fuçando atrás de alguma oportunidade, até que descobri o Ciência sem Fronteiras. A princípio, achei que era destinado apenas para alunos de ciências exatas, mas algumas edições deram bolsas também para ciências humanas. Me inscrevi para, ainda durante a graduação e com subsídios do governo, cursar um ano numa universidade estrangeira e trabalhar na minha área. Parecia um sonho que eu precisava agarrar com unhas e dentes, e assim o fiz. Na minha carta de motivação, escrevi que queria falar sobre questões raciais na comunicação e na moda. Passei na seleção e fiquei na expectativa para saber qual universidade escolheriam para mim. Eu já sonhava com a Universidade da Califórnia, na ensolarada Los Angeles. Tinha pesquisado sobre cada curso deles na internet e muitos pareciam abordar a questão racial, especialmente os ministrados pelo sociólogo e professor de estudos afro-americanos Darnell Hunt.

A resposta foi um balde de água fria — fria não, geladíssima! A escolhida foi a Universidade de Wisconsin-Madison, para onde fui, enfrentando um frio que podia chegar a menos quarenta graus e longe do meu Louis e da minha família. Mais uma vez perguntei a Deus: "Por quê!?". Não queria reclamar da oportunidade que tinha recebido, mas Wisconsin parecia ser uma conquista pela metade — exatamente o que senti quando fui estudar no Cefet de Nova Iguaçu. Mais uma vez, eu estava vendo as coisas de forma limitada. Wisconsin foi um marco, que tensionou meus limites não só pelo frio e pela saudade, mas também pelos aprendizados dentro e fora da sala de aula, em especial por ser um campus que oferecia muitas disciplinas sobre questões raciais e estudos sobre cultura, questões relacionadas a negritude, latinidade e estudos asiáticos. Descobri coisas que eu não sabia, e isso marcou a minha vida. Louis e minha mãe, que programaram ciclos de visita para apaziguar as saudades, me apoiaram fortemente.

Ter me permitido me olhar no espelho e ouvir minha voz e meu coração me ajudou a construir a profissional que sou hoje: determinada e disposta a me colocar também em lugares desconfortáveis. Eles foram essenciais para me moldar até aqui, e sem dúvida continuarão sendo essenciais para quem eu me tornarei no futuro.

Qual situação te levou ao seu limite?
Como isso te tensionou e ampliou seus horizontes?

10. Sim, nós podemos

Você já assistiu ao filme *Rio*? Aquele em que a ararinha-azul Blu é sequestrada e levada do Rio de Janeiro para Minnesota? Não vou dar spoiler, o que importa é a brusca mudança entre os quarenta graus do calor carioca para os gélidos quarenta graus negativos que faz no oeste dos Estados Unidos. Me senti como Blu quando experimentei o frio de Madison, em Wisconsin, e depois, quando fui a Minneapolis, senti na pele a maior friaca da minha vida. Havia caminhões de sal para derreter a neve e desbloquear as estradas. Eu usava camadas e camadas de roupa, incluindo protetores de ouvido e luvas reforçadas. O carro chacoalhava e tremia muito com as rajadas de vento. Da mesma forma que no Rio de Janeiro eu às vezes ia ao shopping center para aproveitar o ar-condicionado, as pessoas em Minneapolis iam para correr e aproveitar o aquecimento interno. O completo oposto. Eu assistia a partidas de hóquei no gelo sem sequer entender as regras, mas era o que tinha para fazer. Caminhar sobre lagos congelados e ver esculturas de cachoeiras petrificadas pelo frio foram algumas das experiências que marcaram essa época. Eu me sentia uma carioca em pleno choque térmico e cultural.

Entretanto, me colocar nesse lugar de tanto desconforto foi fundamental para meu fortalecimento pessoal. Ter o privilégio de experimentar uma realidade que me colocava no extremo oposto climático em que vivi boa parte da vida, e ainda por cima precisando me virar, me ensinou a valorizar ainda mais os dias de sol. Mais do que nunca entendi quando Louis exaltava os dias lindos cariocas, pois havia passado a infância na França, com suas quatro estações bem definidas e enfrentando dias de frio rigorosos no inverno, dos quais não tem saudade. Eu, até ir para os Estados Unidos, costumava dizer que o tempo estava nublado só porque tinha uma nuvem no horizonte, e queria desistir de ir à praia quando o céu não estava completamente azul. Louis, no entanto, estava sempre animado, mesmo nos dias nublados. Eu achava aquilo um exagero até ir para um lugar tão frio, onde contava os dias para não precisar mais sair com tantas camadas de roupa na rua.

Essa temporada me fez enxergar o quanto eu amava o sol. Sem o astro-rei, precisei achar coisas que me fizessem sentir um quentinho no coração e me motivassem a sair da cama todas as manhãs para desfrutar dessa oportunidade única.

Em busca dos meus sóis internos — já que o externo brilhava, mas não aquecia —, cheguei ao campus e percebi que apenas as atividades curriculares não seriam suficientes para preencher o meu tempo por completo. Também percebi que existia uma certa tendência entre meus colegas brasileiros de conviverem quase exclusivamente entre si, para além do fato de já morarmos no mesmo prédio e, em alguns casos, dividirmos quartos. Se eu quisesse ter uma experiência mais imersiva, em que conhecesse e convivesse com pessoas nativas para praticar meu inglês e ter momentos únicos que tornassem esse período marcante, precisaria ir além do que parecia estar desenhado. Então fui atrás do que tinha disponível no campus. Mais ou menos a mesma sensação de quando cheguei à universidade: eu não tinha ido ao Wisconsin a passeio.

Havia várias reuniões do setor responsável por receber intercambistas no intuito de enriquecer a experiência de quem vinha de fora. Eles tinham um cardápio de opções para cada perfil. Associações mantidas pelos alunos ofereciam de xadrez a natação, tênis, meditação, corrida, leitura, teatro — tudo que você possa imaginar.

O que eu havia aprendido com Alexis de Tocqueville nas aulas de sociologia, sobre os Estados Unidos serem um país de natureza associativa, onde pessoas com interesses comuns se uniam em prol de seus gostos e objetivos, batia de muitas formas com a realidade que eu via diante dos meus olhos. De posse daquele extenso cardápio e tendo participado de algumas reuniões de integração, meu primeiro desafio foi escolher o que fazer primeiro. Então, um dia, no caminho de volta para casa, me vi diante de uma opção que não estava no menu oficial, mas que me chamou a atenção. Na frente de um prédio, uma plaquinha azul com letras em vermelho dizia "Change" [Mudança]. Me aproximei e vi uma escadaria. Como boa curiosa, subi e dei em um lounge cheio de estudantes vestidos com camisas azuis com os seguintes dizeres estampados: "Yes We Can" [Sim, nós podemos]. Descobri que estavam aguardando uma reunião que iria começar em alguns minutos. O assunto: a campanha de reeleição de Barack Obama. Meus olhos brilharam. Estudantes reunidos voluntariamente para reeleger o primeiro presidente negro dos Estados Unidos era algo que me fazia vibrar.

Participei do encontro e saí com a minha primeira atividade extracurricular escolhida. Detalhe: ela não estava no cardápio oficial da universidade: eu seria voluntária da campanha de Obama. Minha tarefa era, no contraturno das aulas, registrar pessoas para votarem, passar uma vez por semana no comitê para pegar os materiais de campanha (prancheta, adesivos, panfletos) e preencher a agenda com a minha disponibilidade para exercer a função naquela semana. Nos Estados Unidos, o voto não é obrigatório, então as pessoas precisam se registrar para votar a cada eleição. Por isso, além da campanha propriamente dita, na qual os candidatos expõem suas propostas, os comitês devem estimular os eleitores a irem às urnas. Isso é completamente diferente do Brasil, onde o voto é obrigatório.

Achei o máximo poder participar desse momento tão decisivo da história dos Estados Unidos. Obama, que era do Partido Democrata, estava na disputa contra Mitt Romney, do Partido Republicano. Wisconsin era considerado um *swing state*, ou seja, um estado que alternava bastante na escolha entre republicanos e democratas, sem uma tradição demarcada, embora com uma tendência mais republicana — o que deixava o comitê democrata ainda mais ativo. Os voluntários tinham brilho nos olhos e muito café e chá no corpo para se aquecerem durante as longas jornadas no frio tentando convencer pessoas a votarem ou a pelo menos pensarem com carinho nas propostas de Obama. E eu era uma delas.

No início, eu não conhecia a fundo todas as propostas de Obama nem o sistema de votação dos Estados Unidos, mas fui sendo contagiada pelo entusiasmo de quem estava ao meu redor. Fui me inteirando de tudo com os outros voluntários e perguntava para quem passava: "*Are you registered to vote?*" [Você já está registrado para votar?]. Para cada pessoa que eu parava, explicava que era voluntária da campanha de Barack Obama e endossava, de maneira breve, o quanto era importante votar e participar do processo democrático. No fim, quando a pessoa preenchia a ficha com seus dados, eu lhe dava um panfleto e um adesivo da campanha. E foi assim. Fiz isso em Madison e depois viajei de carona com vários voluntários para outras cidades, como Milwaukee e Chicago, para acompanhar os discursos de Obama, levantar plaquinhas com dizeres de campanha e levar materiais para abastecer outros comitês.

Tínhamos prognósticos de que a disputa no Meio-Oeste seria acirrada, então nosso trabalho foi se intensificando ainda mais na reta final. O inverno se tornava cada vez mais rigoroso, mas eu tinha encontrado meu sol interno e estava feliz com ele. Além do trabalho no comitê de Obama, ainda consegui me matricular no clube de natação e fazer amizade com aquela que considero até hoje uma irmã de coração, Tiffany Trzebiatowski. Sua família passou a ser a minha família "americana". Também ingressei num grupo de estudos bíblicos e comecei a frequentar com eles a igreja Fountain of Life. Era tudo muito organizado, eles tinham até uma van para buscar os estudantes no campus aos domingos. Trabalhar a fé era fundamental para mim, me reenergizava. Além disso, era sempre muito impressionante ver o coral gospel cantando a cappella. Eu saía de lá renovada toda semana, e até ajudei a fazer um vídeo para contar a história da igreja.

Também tentei fazer parte de um grupo de dançarinos de salsa. Não sabia dançar e achei que aquela poderia ser uma ótima oportunidade para aprender. Mas não me senti muito à vontade com eles, especialmente quando questionavam a minha identidade. "De onde você é?", me perguntaram várias vezes. Para muitos, eu era afro-americana, e não latina. Essa é uma longa discussão, na qual ainda é uma pauta aceitar que negros podem ser latinos também. O fato é que essa falta de pertencimento me fez não estabelecer uma conexão com o grupo de salsa.

Passei por situação semelhante em *sororities*, grupos formados por meninas negras ou até mistos racialmente, a depender da sua função e filosofia — se era para meninas, para meninas negras, e por aí vai. Eles se acolhiam durante a jornada universitária e para além dela. As *sororities* tinham rituais místicos de entrada, que eram cheios de etapas pouco compreensíveis para quem não era da "patota". E, até onde eu sei, não aceitavam intercambistas. Enquanto estive por lá, não conheci ninguém como eu que tenha conseguido fazer parte de um desses grupos.

Apesar de ser negra e ter contato com várias outras estudantes negras que pertenciam a *sororities*, quando eu perguntava sobre o que poderia fazer para ser incluída no grupo elas me diziam que dificilmente eu conseguiria entrar. O processo era bem longo, dependia de convite e era necessário dominar alguns códigos que eu não conhecia. No fim, todas desconversavam. Mas eu sabia que era nesses lugares que muitas alianças aconteciam. Sabia da importância social de se fazer parte de um grupo associativo cujos códigos e pré-requisitos não constavam no menu principal da universidade. Ele propiciava desde o surgimento de novas empresas até casamentos.

No fim das contas, mesmo que a sociedade norte-americana seja considerada multicultural, composta de pessoas de diferentes partes do mundo que foram tentar a vida lá, na minha breve experiência no campus em Wisconsin percebi que eu era negra demais para ser latina e fazer "coisas de latinos", e que era latina demais para fazer parte de uma *sorority* afro-americana. E foi nesse meu não lugar que abracei a luta por Obama. Ele também carrega esse não lugar por ter nascido no Havaí, motivo para muita gente o considerar um forasteiro. Nossos contextos eram diferentes, mas eu me identificava.

No dia da eleição, fui ao comitê e acompanhei a votação com outros voluntários. Eu tentava entender o método, em que o peso do estado contava mais do que o número absoluto de votos.

Minha cabeça deu um nó, mas o que importava era o resultado. Vibramos todos quando vimos Obama reeleito com mais de 51% dos votos. Missão cumprida! Valeu a pena cada hora passada no frio. Mesmo tendo feito só um pouquinho, senti aquela vitória como se fosse minha também.

Eleições finalizadas, logo senti saudade do agito do comitê e de trabalhar por uma causa maior. Não que me faltassem atividades. As aulas estavam cada vez mais intensas. O tempo que eu passava nas bibliotecas dobrou e, já no fim da campanha, eu ficava até mais tarde nas que funcionavam 24 horas. Volta e meia perdia a hora da janta nos refeitórios e me via obrigada a comer sanduíches no Subway ou em outras redes de fast-food que ficavam abertas até tarde. A carga estava bem pesada, mas ainda assim parecia faltar algo. Fui então intensificando a busca pelo local onde gostaria de trabalhar. Meu programa contemplava uma carga horária para o estudo e outra para o trabalho, visando o aperfeiçoamento prático na área. Foi no contínuo contato com voluntários da campanha que descobri que havia um lugar chamado Multicultural Student Coalition (Coalizão Multicultural de Estudantes, MCSC na sigla em inglês), uma organização mantida pela própria universidade com o objetivo de apoiar causas importantes para os alunos.

Lá conheci Niko Magallon, que estava à frente da organização, e Nneka Akabuze. Duas pessoas incríveis. Eles me disseram que havia uma vaga aberta para quem quisesse atuar em produção de conteúdo durante o verão. Me candidatei, fui aprovada no processo e comecei a trabalhar para organizações que promoviam campanhas como o Queer Prom[1] [Baile Queer] e o Stop the Rail to the Jail [Pare o trilho para a cadeia], que discutia o alto índice de encarceramento de jovens negros, por exemplo. Entre outras iniciativas que aconteceram entre abril e julho de 2013, cobri a ida dos estudantes para a National Conference on Race and

Ethnicity in Higher Education (Conferência Nacional sobre Raça e Etnicidade na Educação Superior, NCORE na sigla em inglês)[2] e me apaixonei pelo evento, o que inclusive me motivou a voltar todos os anos aos Estados Unidos.

Nessa mesma época, contatei uma agência de publicidade com foco no público negro, a Burrell Communications, presidida por McGhee Williams e Fay Ferguson, para trabalhar lá. *Wow!* Ter duas mulheres negras como chefes parecia um sonho. Queria aquilo a todo custo. Tomei um ônibus de Madison até Chicago e fui pessoalmente conhecê-las e falar sobre a possibilidade de trabalhar com elas num estágio de verão que poderia até ser não remunerado, mas que me faria mais do que feliz. Eu já ganhava a bolsa do programa e do MCSC, então poderia arcar com os custos desse sonho. Expliquei a elas tudo isso e que meu visto permitia aquele tipo de trabalho. Após um *pitch* de uma hora, consegui convencê-las, mas só de ter conhecido essas mulheres tão incríveis e ter uma hora delas já tinha valido a pena ser cara de pau. Mais tarde soube que era uma proeza conseguir espaço na agenda das duas, o que fez dessa conquista algo ainda mais especial.

Consegui o estágio e, para minha alegria, um quarto para morar em Chicago. Isso graças a Clarisse, que conheci no Facebook e divulgou no grupo do programa Ciência sem Fronteiras que eu estava em busca de alguém para dividir um apartamento. Eu e Clarisse, que é maranhense, nos tornamos grandes amigas. Assim, eu ganhei uma casa em São Luís, e ela uma no Rio de Janeiro.

Como já disse, sempre prezei pelas aulas, mas aprendi muito fora dos muros da escola, ouvindo e interagindo com pessoas, conhecendo suas histórias. Foi assim que passei meus últimos meses nos Estados Unidos, alternando entre Madison e Chicago, trabalhando em meus dois sóis, meus empregos cheios de propósito. Conviver com McGhee e Fay, ver as duas liderarem reuniões e exporem ideias na agência e nos *pitches* nos escritórios dos clientes, foi superinspirador. Digo o mesmo sobre ter acompanhado Niko e Nneka, que lideravam uma série de iniciativas estudantis. Eu tinha um pé no mundo corporativo de segunda a quinta-feira, e na sexta e nos fins de semana passava algum tempo em Wisconsin, envolvida com a organização estudantil, isso quando não conseguia resolver à distância o que precisasse para a produção de conteúdo.

Entre idas e vindas de Madison a Chicago, foi revigorante conviver e trabalhar com líderes que me inspiravam e me representavam, e que estavam à frente de iniciativas tão grandiosas, cada qual à sua maneira. Eles me deram ainda mais esperança na possibilidade de construção de um futuro melhor.

> *Quem são as pessoas que mais te inspiram no mundo profissional e por quê? Qual foi a pessoa mais difícil de quem você já se aproximou e como foi essa experiência? E qual é a próxima, você já sabe?*

11. Identidades do Brasil

Fiquei em órbita após voltar do intercâmbio nos Estados Unidos. Me sentia pressionada a colocar em prática o que eu havia aprendido dentro e fora da universidade, só não sabia como. Na verdade, era mais do que isso. Como a única mulher negra da pele preta que fez parte da leva de estudantes que foi para Madison, eu me sentia na obrigação de minimamente semear algo que pudesse retribuir a oportunidade de estudar e trabalhar em outro país — graças ao Ciência sem Fronteiras, uma política pública sem a qual eu não poderia ter feito um intercâmbio.

Era louco pensar que eu estava entre futuros médicos (muitos participantes eram das ciências biológicas), que era meu sonho profissional antes de eu me jogar na comunicação. Mas eu me sentia meio "médica" por falar de um câncer social — o racismo estrutural — e por ter colocado isso como parte do meu caminho estudantil e profissional. Uma jornada de heroína (mais uma metáfora) que crio na minha cabeça.

Eu ansiava que muitos outros negros e indígenas pudessem ter acesso a esse tipo de programa. Queria, como diz minha amiga Samantha Almeida, ser a última geração de primeiros a alcançar esses feitos. Transitar por espaços de educação e emprego de qualidade deveria ser algo natural, não uma grande conquista. Não queria ser uma exceção, e minha contribuição deveria girar em torno desse objetivo. Mas como eu poderia direcionar minha carreira e minha formação para um propósito maior que o sucesso pessoal?

Meu primeiro reflexo foi ligar para a minha ex-chefe, McGhee Williams, e avisar que eu havia voltado ao Brasil. Fiz uma provocação sobre o quanto eu adoraria representar a Burrell Communications no meu país. Já pensou? Uma agência cuja maior parte de suas centenas de profissionais era negra e que se dedicava a construir novas narrativas positivas sobre pessoas negras no audiovisual? Parecia um sonho. E, pensei, para a Burrell essa seria uma possibilidade muito promissora: afinal, tínhamos três vezes mais negros que os Estados Unidos. Eu já tinha o plano de negócios traçado. No Brasil, somos aproximadamente 55% da população, ou seja, quase 120 milhões de pessoas, contra os 40 milhões da população negra americana. Quando ela me pediu um levantamento dos milionários negros brasileiros comprometidos com a pauta antirracista, que poderiam bancar o nosso plano, percebi que éramos uma maioria oprimida — eu não tinha muitos exemplos para dar, e aqui nem mesmo existe esse tipo de ranking.

Pessoalmente, eu só queria continuar sendo chefiada por uma mulher negra e reproduzir o ambiente no qual trabalhei por alguns meses. Só que em vez de Chicago, a empresa seria no Rio e com foco no público brasileiro. Em nossa ligação por Skype, ela pareceu feliz em saber que eu tinha chegado bem, mas não se entusiasmou com a minha ideia. Me disse que o cenário racial brasileiro lhe parecia confuso e que ela não se sentia segura em arriscar abrir um escritório aqui. Uma agência de publicidade requer um vasto conhecimento do contexto, suas entrelinhas e um bom portfólio de clientes já estabelecido, além de investidores. Eu não podia lhe oferecer nada disso, era apenas uma estudante cheia de sonhos. Mas ficou a lição. Se eu tinha me sentido tão bem num ambiente como o da Burrell, deveria procurar me encaixar num lugar parecido.

Esse "encaixe" não se mostrou uma tarefa das mais fáceis, afinal, as empresas em que eu já havia transitado ou que conhecia não se pareciam muito com a Burrell. Para começar, eu nunca tinha sido chefiada por pessoas negras como McGhee, e se isso fosse uma exigência... seria mais fácil criar algo do zero. Mas, sinceramente, essa era minha última opção. Comecei então a pesquisar programas e empresas onde eu poderia trabalhar. Me aproximei mais de projetos como a Educafro, do frei David, com a expectativa de talvez desenvolver trabalhos para eles. Porém, naquela época, só estavam aceitando trabalho voluntário. Fiquei empolgada, mas a verdade é que eu precisava de um lugar que pudesse dar o meu sustento, e a longo prazo. Confesso que me sentia perdida.

Surgiu a ideia de atrelar minhas inquietações, ainda muito sem forma, ao meu trabalho de conclusão de curso (TCC). No intuito de fundamentar esse trabalho, achei que poderia ser uma boa montar uma nova exposição, uma iniciativa que eu já havia tido a experiência de desenvolver antes de viajar para os Estados Unidos. Foi um evento que aconteceu durante a semana da consciência negra de 2011. Com o apoio da universidade e com a ajuda do professor Ricardo Oiticica, à época diretor da Cátedra Unesco de Leitura da PUC, realizamos a Glamazônia, que considero meu primeiro grande projeto empreendedor. Esse projeto saiu do zero, mas conseguimos trazer Mario Epanya, fotógrafo camaronês e grande amigo meu que morava em Paris, para expor suas fotos na universidade. E mais do que isso. Montamos a exposição no meio do estacionamento da PUC, mudando o fluxo dos carros e o número de vagas disponíveis para chamar atenção para a exposição, que ficava na frente da entrada principal. Paramos o trânsito literalmente! Lembro que o professor Marcos Barbato havia me dito que, se eu quisesse provocar quem não queria falar sobre racismo, deveria fazer barulho, ser o centro das atenções.

Aprendi com Barbato a não querer nada menos que o melhor, e foi de posse desse ensinamento que em 2013 tentei recorrer às mesmas fontes para compor uma exposição, agora sobre as identidades do Brasil. Montei uma apresentação e fui correndo ao departamento de design em busca de aliados que pudessem investir nessa causa comigo e que trouxessem habilidades que eu já sabia que não tinha, como criar uma identidade visual para o projeto. Assim, no PowerPoint, slides com fundo branco e letras pretas resumiam o desejo da mostra: "O conceito é exibir a diversidade de tons de pele no Brasil. Serão feitas fotos de pessoas de diferentes tons de pele, com legenda criada por elas sobre suas identidades raciais".

Nascia ali a mostra ID_BR CARA::PELE::JEITO, carinhosamente chamada de ID_BR. Encontrei no Rodrigo e em empresas administradas por estudantes — a Gambiarra (cenografia) e a Zebu (mídias sustentáveis) — as minhas primeiras alianças para a realização da mostra. Mais tarde, fechei uma parceria com Leandro Martins, fotógrafo que já havia me clicado como modelo. Fui recrutando pessoas pelos pilotis da PUC no intuito de ter o máximo de narrativas diferentes e de captar um pouco da diversidade do país. Falei com funcionários, alunos, professores e consegui 25 voluntários. Para além das fotos, pedi que dessem seu depoimento em vídeo, assim poderíamos abordar o tema em diversos formatos. Acabou virando uma mostra audiovisual. Com o material já captado, a exposição começou a ganhar forma. Sempre encorajada por Ricardo Oiticica, que inclusive me apoiou na articulação do patrocínio com a universidade, eu estava esperançosa de que tudo caminhava bem.

Como aprendi a querer sempre um pouco mais, consegui fechar um coquetel para a abertura e chamei Simon Schwartzman, que havia sido presidente do IBGE nos anos 1990, para uma palestra de abertura em que falaria sobre como as identidades brasileiras eram construídas e como o instituto havia determinado os marcadores de sua composição étnico-racial. E, para completar, Barbato — sempre ele dando as ideias mais loucas — colocou na minha cabeça que poderíamos ter um festival, incrementando com mais atrações os eventos da semana em que a mostra ocorreria.

Combinei então com o grafiteiro Meton Joffily que ele faria um grafite em tempo real com o tema Identidades do Brasil. Enquanto isso, o músico Thiago Thomé se apresentaria. Pirotecnia pura. Eu estava a mil por hora, e Louis, meu marido, enlouquecido. Eu não falava de outra coisa em casa. A negociação do patrocínio, lenta como sempre, me deixava com o coração na mão. Como poderia pagar os serviços que já havia contratado para a realização da mostra se não tivesse o dinheiro na conta? Estava aflita, não dormia. Meu anjo da guarda, o professor Augusto Sampaio, me mantinha calma dizendo que ia dar tudo certo e que a ideia já havia sido aprovada, bem como o orçamento, pela vice-reitoria acadêmica. Então eu tentava me tranquilizar e fazia o mesmo com meus fornecedores. Foi nessa época que realmente me fortaleci ainda mais como negociadora. Disse que assim que recebesse o dinheiro, pagaria todos à vista. Assim, consegui postergar alguns prazos. Meus amigos da Conspiração me chamariam de "trambiqueira" pela lábia, mas acho que consegui refinar o conceito. Amém.

Algo, no entanto, aconteceu, e pela primeira vez me vi prestes a desistir do projeto. Lembro como se fosse hoje. Era um domingo à tarde e recebi uma mensagem inesperada pelo Facebook de

Carmélia Aragão, participante da mostra. Ela me informava da morte de Ricardo Oiticica, que ocorrera havia algumas horas. Um infarto fulminante levou meu mestre, apoiador e grande amigo. Fiquei perplexa. Num primeiro reflexo, congelei. Depois desabei e liguei para o Louis, que estava num plantão fora de casa, na redação da agência de notícias onde trabalhava. Ele tentou me acalmar, em vão. Liguei para minha mãe e contei sobre o ocorrido. No dia seguinte, fomos ao enterro. Perdi o chão. Não sabia mais se valia a pena continuar o projeto sem ele, embora todos me dissessem que essa seria uma forma de homenageá-lo.

Tentei recuperar minhas forças, em parte encorajada pelos participantes. A verba do patrocínio enfim saiu e eu consegui cumprir meus compromissos. Chegou o dia da mostra, na abertura chorei copiosamente a morte de Oiticica, que se estivesse ali faria piada da cena, com seu jeito espirituoso. Mas deu tudo certo. Santo Ricardo, de onde ele está, zelou por nós. Tivemos até cobertura da imprensa, com depoimentos do público sobre suas impressões do evento. Aprendi que, na medida do possível, tudo deve ser registrado, pois guardo essas lembranças com muito carinho.

Recebi tantos elogios dos frequentadores da mostra que comecei a pensar em como a reflexão sobre identidades poderia continuar de forma mais perene. Tive a ideia de levar a mostra para outros lugares, e acabamos escolhendo o aeroporto do Galeão como nossa próxima parada. Afinal, 2014 seria ano da Copa do Mundo no Brasil, uma oportunidade para alcançarmos também um público internacional.

No meio disso, comecei a fazer mais aulas de empreendedorismo. Pouco a pouco, eu cedia e mudava de ideia sobre abrir um negócio próprio, que eu rejeitara a princípio. Queria me permitir pensar em modelos de negócios que pudessem fazer do

ID_BR algo maior e que fosse para além da exposição. Quem sabe uma empresa? Ainda não tinha o formato definido nem noção de como começar, então fui buscar uma luz nessas aulas. Nos Estados Unidos, eu já havia feito aulas de empreendedorismo e marketing. Cheguei a frequentar algumas conferências sobre o assunto, onde tive contato com vários modelos de negócios bem interessantes. Lembro que imprimi num papel a cara do Obama e uma frase: "Mais diversidade nos negócios? Sim, nós podemos", ou algo assim. Foi meu primeiro cartão de visita e um rascunho de um sonho que, na época, tinha ainda menos forma.

De volta às aulas de empreendedorismo na PUC, participei de uma atividade que me marcou muito. Tínhamos trinta segundos para convencer nossos colegas de turma a comprarem uma ideia (um *pitch*). O assunto seria sorteado. Quando chegou a minha vez, eu tinha que vender uma vaca. Defendi que o animal seria muito útil pois sua lambida poderia nos ajudar a colar coisas. "Vaca lambeu, vaca colou!" foi o slogan que bolei de improviso. Sem noção, né? Mas, por algum motivo, fui ovacionada e ganhei como melhor *pitch*. Mais uma prova de que meu discurso, de alguma forma, cola. :)

Pouco a pouco fui dando corpo ao que seria o ID_BR. Estava certa de que queria falar sobre diversidade, ainda que os professores desconhecessem modelos de negócios que fizessem sentido para o que eu tinha em mente. Já tinha descartado, por exemplo, a ideia de montar um restaurante que expusesse obras de arte de pessoas negras — cozinhar não é meu forte e como "eu-quipe" teria que fazer tudo, pelo menos no início. Na sequência, pensei num sistema que pudesse ajudar as pessoas a viajarem pelo Brasil considerando seus gostos e suas preferências. Chamei um programador para ser meu parceiro, mas não deu muito certo. Depois, tive a ideia de criar uma marca de roupas que tivesse como inspiração as identidades brasileiras. Esse parecia ser um plano um pouco mais palpável, mas ainda não era algo que eu pudesse tirar do papel sozinha.

Nesse período, entre tentativas de seguir meu coração e fazer do ID_BR algo grande, fui procurada por uma empresa multinacional do ramo da beleza. Meu coração só queria se dedicar a tirar esse sonho do papel, mas meu bolso estava ficando vazio. Realmente, eu já estava pensando em começar a procurar algum trabalho. Não sabia se deveria continuar tentando emplacar o ID_BR ou se deixaria para desenvolvê-lo quando tivesse mais experiência profissional, ou talvez quando me aposentasse, sei lá.

Tive uma série de conversas com várias pessoas dessa multinacional, e me ofereceram uma vaga para trabalhar com diversidade e inclusão. Achei o máximo. Fiquei na maior expectativa de atrelar propósito à profissão. Talvez eu nem precisasse abrir um negócio próprio se conseguisse fazer isso em uma grande empresa já estruturada e com recursos, pensei. Mas a vaga caiu. Não parecia ser prioridade naquele momento. Me chamaram então para a área de marketing de desenvolvimento de produtos. Topei, até porque achei que havia chances de logo reabrirem a vaga anterior, e seria uma oportunidade de fazer algo novo. Esse trabalho acabou sendo uma grande escola, tanto pelas experiências positivas quanto pelas negativas. Era o seguinte: eu ajudava a desenvolver projetos que seriam apresentados por meus chefes brancos, e ficava feliz em desenvolvê-los, mas sentia que, na maioria dos casos, boa parte das minhas opiniões era invalidada.

Quando percebi que minhas ideias não eram ouvidas, que eu era uma das pouquíssimas pessoas negras no local e que encontrava mais eco e conexão com as faxineiras negras que vinham até meu andar para conversar comigo, aquilo me acendeu um alerta. Era com elas que eu realmente encontrava identificação e motivação. Percebi que todas as pessoas negras que eu encontrava durante a hora do almoço, dentro ou fora da empresa, usavam uniformes com a logo da empresa terceirizada onde trabalhavam, e sem dúvida recebiam um salário mais baixo do que o das pessoas que usavam roupas de marca e circulavam pelas salas com ar-condicionado das torres de prédios altíssimos.

Foi também num almoço, enquanto gastávamos nosso tíquete-refeição num restaurante arrojado comemorando o aniversário de uma colega de trabalho, que em dado momento surgiu o assunto de sonhos pessoais e realizações. Nove das dez pessoas da mesa repetiram que, entre seus maiores sonhos, estavam comprar roupas caríssimas ou morar na Europa. Acendeu mais uma luz em minha cabeça: aquele não era o meu lugar. Não compartilhava esse sonho e nem esses ideais de vida. Respeito os que almejam bens materiais, mas eu queria mesmo era que as faxineiras, em sua maioria mulheres negras, pudessem ganhar mais dinheiro e ter novas oportunidades de trabalho, caso desejassem.

Além disso, meu potencial não era aproveitado, o que me causava muita frustração, apesar do dinheiro certo no fim do mês e das perspectivas de um plano de carreira — o sonho de muitos dos meus amigos. Minha frustração também vinha de não me ver representada entre meus chefes. Se eu continuasse naquela empresa, sendo uma mulher negra, será que um dia poderia liderar alguém? Eu me questionava e, ao mesmo tempo, me sentia um pouco culpada por não estar feliz. Afinal, trabalhar lá havia sido uma decisão minha e era o sonho de muita gente.

Lembro que nessa época intensifiquei minha rotina na universidade em busca de alguma motivação. Acabei decidindo que o ID_BR poderia dar seu próximo passo: uma marca de roupas que pudesse fazer as pessoas "vestirem a camisa" pela causa da questão racial no Brasil. Fora minha passagem pela moda, eu não tinha muita experiência com a indústria têxtil, e com o objetivo de suprir esse *gap* e me aproximar de uma área que eu conhecia pouco puxei disciplinas de design para ver se conseguia colocar o projeto de pé. Além disso, sabia que, para começar, eu precisava de mais conhecimento, afinal, não ia conseguir contratar pessoas para fazerem roupas para mim.

Com toda essa experiência da exposição, dos depoimentos e do desafio de dar o próximo passo e transformar o ID_BR numa iniciativa maior e sustentável financeiramente, escrevi meu TCC e tirei nota máxima.

Naquele ponto, eu já estava feliz por ter concluído a última etapa do curso de publicidade e por ter me tornado a primeira mulher negra da minha família a ter um diploma de ensino superior. Segurar um canudo pode parecer banal para muitos, mas quando você é a primeira, isso se torna uma conquista coletiva. Lembro da minha mãe e da minha avó superemocionadas na minha formatura. Meu pai estava lá. Não falei que ele está sempre nos momentos mais bacanas? Fui a oradora e senti ainda mais responsabilidade por ter de falar pelos outros e fazer valer a oportunidade que eu havia tido.

Naquele momento, decidi que deveria destinar definitivamente minha profissão para um propósito. Estabeleci ali que meu plano de carreira estava com os dias contados, que eu deveria dar um "pause" no mundo corporativo. E, pensando bem, eu já tinha desviado mesmo da alternativa sonhada pela minha mãe, que queria que eu fosse funcionária pública como ela. Sou grata ao caminho que ela trilhou, pois foi assim que ela garantiu meu sustento, mas, naquele ponto, eu entendi que não era uma opção para mim.

Continuei mais alguns meses na empresa e saí no fim do ano. Não sabia o que esperar do ano seguinte, só sei que senti um grande alívio por ter tomado e priorizado essa decisão.

> *Qual é a primeira coisa que você precisa priorizar neste ano para que seus planos de carreira avancem de acordo com o seu propósito?*

12. Empreendedorismo, uma jornada nada fofa

Autoconhecimento é uma parte fundamental no processo de crescimento individual. Sempre há espaço para novas descobertas. Entendi isso melhor quando decidi abrir um negócio. Pavimentando uma estrada desconhecida, meu primeiro reflexo foi pedir ajuda. Não dava para caminhar sozinha. E essa foi a melhor coisa que eu fiz.

O primeiro passo foi me permitir arriscar a fazer algo que era mais condizente com o que o meu coração mandava. Estou certa de que, apesar de parecer óbvio, essa não é uma opção para uma grande parcela da população que precisa prover o sustento de casa a todo e qualquer custo, tendo muitas vezes que vezes abrir mão do que realmente aspira para fazer o que trará dinheiro imediato. Diga-se de passagem, num mundo ideal, esses dois movimentos deveriam andar juntos.

Além de me permitir pensar nessas coisas e ouvir meu coração, tive a sorte de contar com pessoas que me apoiaram. Quando ainda estava empregada, cheguei uma vez com lágrimas nos olhos em casa e contei ao meu marido que não estava feliz comigo mesma. As escolhas que eu achava que me trariam felicidade não estavam funcionando. Só me traziam uma série de questionamentos e inquietações. Pude contar não só com seu ombro, mas com sua mão amiga para me indicar que era possível testar um novo caminho: "Não se preocupe, nós damos conta", ele me disse. Fizemos cálculos e, como um casal até aquele momento sem filhos, tínhamos o suficiente — ainda que de modo bem modesto e restrito — para nos manter mesmo se por alguns meses eu não tivesse salário.

Minha mãe e meu pai também se dispuseram a me ajudar se eu precisasse. Essa rede de apoio (que mistura o material e o imaterial) e a possibilidade de sair de um piloto automático para pensar em qual direção eu queria seguir a longo prazo foram fundamentais. Por isso, sou contra o "largue tudo e vá empreender", porque só é possível fazer isso quando você tem alguém para te amparar caso você caia.

Lembra que eu disse que me incomodava muito o fato de as pessoas negras usarem uniforme na grande empresa onde eu trabalhava e aquilo ser um marcador de empregos operacionais? Como publicitária, fiquei pensando que ainda não tínhamos uma campanha que representasse a luta pela igualdade racial no mundo do trabalho, ou que pelo menos invocasse uma reflexão de toda a sociedade sobre o tema.

Na época, a campanha "O Câncer de Mama no Alvo da Moda", promovida pelo Instituto Brasileiro de Controle do Câncer em parceria com a Hering, me inspirou muito. A propaganda, que passava na TV, mostrava uma coleção de camisetas (vestidas por celebridades) que ostentavam um símbolo forte (o logotipo azul emulando um alvo, criado pelo estilista norte-americano Ralph Lauren) para conscientizar as mulheres a fazerem seu autoexame. Então pensei que eu deveria investir no ramo da moda. Como eu havia sido modelo e sabendo que nosso corpo poderia ser uma vitrine das mensagens que queremos enviar para o mundo, decidi começar a empreender nessa área. Idealizei uma marca de camisetas que traria como principal mote a pauta da cor e da raça — as Identidades do Brasil.

Com a ideia na cabeça, corri atrás de pessoas que pudessem me ajudar a executá-la. Fui até o departamento de design da PUC-Rio e pedi indicações. Foi assim que encontrei meus primeiros parceiros de empreitada — Kenyu Kanashiro e Gustavo Zimmerman —, ambos designers de moda que me apoiaram a fazer os primeiros desenhos da camiseta inspirados em tons de pele. E foi o Gu que me apresentou às nossas primeiras parceiras: as artesãs da Coopa-Roca,[1] entre elas Marly, com quem tenho uma grande amizade até hoje.

Decidimos que as camisetas seriam feitas em crochê com linhas em tons de marrom e bege dispostas em formato de coração, para despertar reflexões sobre cor e raça. Gu e Kenyu me ajudaram a fazer os desenhos e criamos alguns protótipos. Investi aquele que seria meu penúltimo salário no novo empreendimento. Coincidência ou não, recebi as camisetas prontas das artesãs no dia em que oficializei meu desligamento da empresa. Desci da torre chorando de alegria e de medo, já com as camisetas na mão, certa de que ali se iniciava um novo momento em minha vida.

Na semana seguinte, eu embarcaria para a França para visitar meus sogros. Nadine Gonzalez, que continua sendo uma grande amiga, participaria em Paris de uma feira com roupas e trabalhos dos alunos da Casa Geração Vidigal, a primeira escola de moda gratuita e totalmente voltada para jovens das comunidades cariocas. Perguntei se eu poderia expor no mesmo espaço. Uma semana depois, eu participaria da minha primeira feira de roupas, vendendo aquele que já era o meu novo emprego e meu plano de negócios em teste.

Estava um dia bem frio. Levei todas as camisetas que as artesãs tinham feito e tentei enfeitar o melhor que pude o espaço que a Nadine me cedeu. Minha primeira cliente demorou a chegar, mas veio. Foi uma adolescente que se encantou com os crochês e pediu à mãe que comprasse um. Fiquei superfeliz com essa primeira venda, que me deu muita sorte. Depois dela foram chegando outros clientes e, para minha surpresa, não sobrou nenhuma camiseta. Ali tive o primeiro retorno do meu investimento.

Curtimos as férias em família e voltamos ao Brasil. Cheguei animada com a possibilidade que a pauta de identidades poderia ter. Comecei a arranjar algumas feiras para vender minhas camisetas. Louis ou minha mãe sempre me acompanhavam nessas empreitadas. Participamos de eventos em Madureira, em Copacabana, no Maracanã e até em Paraty. Ufa, era puxado! O que eu mais gostava era de bater papo com as pessoas, que traziam muitas questões sobre a pauta racial e compartilhavam suas histórias: "Sou branca, mas meu pai é negro, então algumas pessoas não me veem como branca. O que você acha?", ou "Esta camiseta é a cara da minha família, meus irmãos saíram um de cada tom". Isso me levava a crer que eu estava atingindo o meu objetivo e provocando reflexões sobre o assunto. Mas, mesmo sendo uma ex-modelo negra vinda do mundo corporativo que questionava o racismo nesses espaços, achei que eu poderia ter ainda mais bagagem teórica para embasar minhas conversas, para além das minhas próprias "escrevivências", como diria Conceição Evaristo.

Foi então que descobri que estavam abertas as inscrições para o mestrado no Programa de Pós-Graduação em Relações Étnico-Raciais (PPRER) do Cefet-RJ, uma chance para me aprofundar ainda mais nos temas ligados à autodeclaração e outros relativos à pauta racial. Lá tive contato com autores como Kabengele Munanga, Nilma Lino Gomes, Frantz Fanon, Antônio Sérgio Guimarães, entre outros, que me ajudaram a construir uma visão da pauta racial a partir de um olhar brasileiro, e não só com ideias importadas dos Estados Unidos. Para a minha alegria, parte do corpo docente era formado por velhos conhecidos. Sim, eles tinham sido meus professores no Cefet de Nova Iguaçu. Me empolguei na hora, ainda que eu não seja uma pessoa que acredita muito em coincidências. De todo modo, eu tinha pouco a perder. Seguindo 100% meu coração, embarquei no processo e me joguei de cabeça. Meu projeto de pesquisa era sobre — advinha o quê? — identidades do Brasil.

Passei na prova, meu projeto foi aceito e entrei para o mestrado, onde ganhei um orientador para a vida: o professor Fábio Sampaio. Ele disse que eu deveria ser mais específica em meu projeto. Um puxão de orelha muito oportuno para quem tinha mania de querer abraçar o mundo. Como o escopo do estudo estava muito amplo, me concentrei na questão da autodeclaração, assunto que até hoje me causa fascínio. Além disso, eu tinha certeza de que esse tema me ajudaria a ter um repertório maior na hora de vender minhas camisetas. Queria me tornar uma especialista, usando as roupas como plataforma para disseminar a discussão sobre um assunto tão caro ao Brasil e aos brasileiros. Eu já havia notado a importância do tema nas feiras das quais participava, quando os papos pareciam intermináveis e viscerais. Meses depois, ganhei uma bolsa que me ajudaria muito, pois o ID_BR só faturava o suficiente para que eu continuasse investindo na produção das camisetas.

Durante o mestrado, conheci também a Shell Iniciativa Jovem, um laboratório de startups que me permitiria desenvolver durante um ano meu empreendimento e aprimorar o plano de negócios.

Não pensei duas vezes. Passei na seleção e fiquei muito feliz com essa dupla conquista. No primeiro dia, lá estava eu estampando meu crochê e vendendo camisetas para os colegas. Com a minha boa lábia, ou pelo menos foi o que me disseram na época, fui passando pelas seleções que se sucederam ao longo do ano, tirando do páreo aqueles que não estavam realmente engajados em seus negócios. Para mim, foi um privilégio poder me dedicar a pesquisar e testar meu produto durante quase um ano. Ressalto isso aqui porque poucas vezes vi esse tipo de experiência ser explicitado nas histórias dos empreendedores que acompanhava, especialmente aqueles que eram usados como exemplo de sucesso, a maioria oriunda de países ricos, cujos empreendimentos já nasciam com alguns milhões ou até bilhões de dólares de investimento. Eu estava interessada em histórias como a minha, em saber sobre outras mulheres negras que começaram do zero e tinham conseguido furar as bolhas estruturais. Foi nesse período que outro marco na minha história empreendedora aconteceu: consegui minha primeira mentora.

Leila Velez é o seu nome, CEO do Beleza Natural, uma das redes de salões especializadas em cabelos crespos e cacheados que já mencionei aqui e que eu frequentava na adolescência. Ela era sócia da Zica de Assis. As duas tinham começado do zero e estavam à frente de uma equipe de mais de 5 mil mulheres negras. Seu modelo de negócio havia sido, na época, baseado em tratamentos químicos, que já começavam a ser questionados por movimentos que defendiam os cabelos naturais — pois os quimicamente tratados tornam as mulheres reféns da abordagem proposta pela rede, como um caminho único para alcançar uma beleza padronizada, o que não deixava de reforçar o discurso de cabelos controlados. Enfim, são contradições que mais tarde eu descobriria que todo negócio tem. Afinal, todos somos atravessados por diversos discursos, como aprendi no mestrado ao ler os textos do sociólogo britânico-jamaicano Stuart Hall. Alguns são controversos e outros são coerentes com os contextos em que foram cunhados. Quando são descolados desse contexto, perdem força e precisam se reinventar, que foi o que aconteceu com o Beleza Natural. O discurso de Zica era supercoerente com a época em que o Beleza Natural foi criado, quando cabelos quimicamente tratados eram uma saída para quem não queria ter um visual alisado, mas com o tempo essa opção foi sendo questionada, desafiada a ganhar novas roupagens. Especialmente à medida que o visual mais natural e sem química começou a ser difundido. Nessa narrativa, achar que o cabelo crespo precisa ser domado passou a ter conotação negativa para uma parte da sociedade e da clientela do salão.

Depois de algumas tentativas insistentes de conseguir um encontro em sua agenda lotada, Leila me acolheu de braços abertos. Levei para ela uma camiseta e falei sobre o meu plano de negócios. A ideia era estabelecer parcerias com diversos pontos de venda e feiras que poderiam revender as minhas camisetas e, assim, ganhar escala, espalhando mensagens e reflexões sobre cor e raça pelo Brasil e — por que não? — pelo mundo afora. Eu estava convencida de que aquele era o plano perfeito, mas Leila não. A conversa com ela foi um divisor de águas. Fizemos ali, durante o nosso café, uma pequena análise SWOT, sigla para os termos em inglês *strengths* [forças], *weaknesses* [fraquezas], *opportunities* [oportunidades] e *threats* [ameaças], uma das mais conhecidas ferramentas de planejamento estratégico para quem quer empreender. A matriz FOFA, sua versão em português, levanta as questões que, no caso, o meu negócio e logicamente eu poderíamos enfrentar. (Era importante considerar a mim mesma nessa equação, uma vez que meu negócio era composto basicamente por mim.)

Leila me perguntou o quanto eu estava feliz fazendo feiras e tendo que lidar com toda a logística da produção das camisetas. Eu confessei que estava exausta, e ela me disse que era no meu discurso e na reflexão proposta que eu deveria realmente focar. Bum! Saí dessa conversa supermexida e entendi que eu tinha que me concentrar naquilo em que era mais forte: a possibilidade de provocar reflexões a respeito da pauta racial. E sobre as camisetas, ela me sugeriu que licenciasse o símbolo do coração. Na campanha "O Câncer de Mama no Alvo da Moda", a Hering usava um símbolo "emprestado", devolvendo parte da arrecadação à instituição que promovia a conscientização para a causa. Assim, eu também não precisaria investir energia em etapas dessa produção que eu não dominava.

Foi nesse exato momento que decidi que, de microempreendedora individual que vendia camisetas, meu próximo passo seria abrir uma instituição dedicada à questão racial no mundo do trabalho, apoiando que empresas se posicionassem a respeito do tema e construíssem planos de ação. A causa seria ilustrada por um símbolo forte que poderia ser licenciado por marcas como forma de espalhar essa mensagem. Mais tarde, eu estabeleceria parcerias com a Karamello, a Básico.com e até com a Hering.

Por isso, nunca ignore pessoas que discordam de você. Sem Leila, eu não teria chegado a essa conclusão. E Leila ainda me conectou com outras mulheres, como Sônia Hess e Luiza Helena Trajano, que por sua vez me conectaram com advogados da Lima Feigelson, que fizeram *pro bono* o estatuto do Instituto Identidades do Brasil. Redesenhei o logotipo daquele que seria o símbolo da nossa missão na luta pela igualdade racial. Com a ajuda de Kenyu, o colorimos e o vetorizamos. O coração com diferentes tons de bege virou o símbolo da campanha "Sim à Igualdade Racial".

Conseguimos também uma conexão com a produtora Crioula Câmera, que topou gravar o que chamamos de *Jogo do Privilégio Branco*, um vídeo que marcaria a inauguração do ID_BR.[2] Pensei que, em vez de fazer uma produção institucional, eu deveria criar algo que provocasse reflexões sobre a pauta racial no país, falando só no final sobre o ID_BR. O vídeo começa com a questão: "Cor ou raça?".

A mensagem era que não partimos todos do mesmo ponto e, portanto, temos menos chance de ser os primeiros na linha de chegada, sobretudo por influência da raça na vida de cada indivíduo (e também no coletivo). Eu queria mostrar que os privilégios e as desvantagens sociais moram nos detalhes. As pessoas brancas, de modo geral, não precisam se colocar o tempo todo à prova nem têm sua autoestima constantemente abalada. Elas saem na frente porque estão mais próximas do padrão estético que rege o mercado de trabalho e a sociedade como um todo. Raça se soma a classe, e quando se é negro e pobre você está passos atrás. Ou seja, essa discussão vai além das classes sociais, que costumam ser um ponto de concordância entre quem discursa sobre os abismos sociais brasileiros mas ainda ignora o fator racial.

Usamos esse vídeo até hoje e seguimos fazendo a mesma dinâmica que desenvolvemos para pautar o debate sobre as desigualdades no Brasil em escolas e empresas. Um golaço, porque faz as pessoas se questionarem intimamente sobre vivências que tiveram e verem, de forma gráfica, o impacto disso no âmbito coletivo. Em geral, pessoas negras ficam bem atrás, mesmo as que tiveram vantagens socioeconômicas. E isso tem ajudado a provocar muita gente a não ver mais a pauta racial como uma questão distante ou que pode ser negada. Mais do que dizer não ao racismo, precisávamos apontar caminhos. Sim! Chamar as pessoas para a reflexão era o objetivo — e era também o começo de um novo modelo de negócio e de vida. Foi o início de muitas conexões e dúvidas, além da vontade gigante de fazer acontecer e retribuir a oportunidade que eu tinha recebido e multiplicá-la de algum modo.

> *Qual foi a atividade que você mais gostou de fazer e por quê? O que te motiva?*

13. 4h27

O Instituto Identidades do Brasil nasceu formalmente em 30 de março de 2016. As demandas e os compromissos de uma instituição recém-formada foram crescendo e exigiam de mim um investimento cada vez maior de tempo e de dinheiro. Eu precisava, sobretudo, de mais pessoas.

Os primeiros recursos vieram de um jantar beneficente. Precisávamos arrecadar fundos para iniciarmos os trabalhos com uma pauta sobre a qual as pessoas mal conseguiam falar. Até hoje é assim: tem gente que na hora de dizer "Sim à igualdade racial" tropeça nas palavras e diz "Sim à igualdade social", uma pequena amostra do quanto o termo "raça" e suas derivações são pouco aceitos pelo que representam. Naquela época, ratificamos que mais do que dizer *não ao racismo* era importante ser proativo e dizer *sim à igualdade racial*. E mais: que toda a sociedade, independentemente da cor da pele, estava convidada a fazê-lo. Essa deveria ser uma causa de todos, e não só de negros. Daí o logotipo do coração estilizado em diferentes tons.

Movida por um ideal, eu conclamava toda a sociedade a se engajar, porém, no mundo real, eu ainda me via muito sozinha.

As portas estavam fechadas e era difícil encontrar pessoas comprometidas a me ajudar a erguer o negócio investindo tempo e dinheiro. Fui provocada por Bruno Feigelson, o advogado que montou o estatuto do ID_BR, a conseguir mais pessoas que me ajudariam de verdade. Se não fosse assim, ele não via como minha ideia poderia dar certo a longo prazo. Ele chegou a me mostrar um vídeo de um rapaz, provavelmente bêbado, que dançava sozinho de maneira desengonçada, mas que aos poucos atraía, quase sem perceber, outras pessoas para dançarem com ele. Segundo Bruno, eu deveria fazer o mesmo. Mas era complicado encontrar gente com quem eu realmente me sentisse dividindo o peso daquela missão, para muitos quase utópica.

O que eu tinha era um instituto fundado com zero real e zero pessoa dedicada à sua operacionalização — além de mim — com a missão de promover a igualdade racial no mercado de trabalho. Naquele momento, essa era uma pauta em que as empresas não se interessavam em investir. Era como tirar leite de pedra. Sorte que decidi ser água mole em pedra dura, inspirada em tantas outras águas que também foram resistência antes de mim e que permitiram que eu estivesse ali. Com o dinheiro arrecadado naquele jantar, fui contratando em meio período alguns profissionais que começaram a prestar serviços e tinham mais comprometimento com as entregas. Mas eu estava focada em encontrar pessoas que pudessem compartilhar comigo aquela responsabilidade de forma integral. Eu precisava que mais gotas se unissem a mim.

Tive então a felicidade de conhecer um grande aliado, Theo Van der Loo, na época CEO da Bayer no Brasil, que realmente abraçou a causa e me conectou com outros dirigentes de empresas do ramo farmacêutico e de outros setores. Mais tarde, conheci também Oscar Decotelli e Theunis Marinho, que se tornaram conselheiros do instituto e importantes aliados para abrir portas — e reflexões — na expansão da organização.

Nosso primeiro grande evento foi um fórum no Museu do Amanhã, na praça Mauá, que fica no centro do Rio de Janeiro, e logo depois levamos nosso jantar beneficente a outro patamar: o Copacabana Palace. Isso tudo em pouco mais de um ano.

Entre acertos e erros, fomos caminhando — e rápido, porque na maioria das vezes eu imprimia um ritmo de trabalho mais acelerado que o esperado para uma ONG. Em 2017, conheci Wellington Mendes, que mais tarde ganharia o apelido de Tom. Tom usava uns óculos bem grandes e o cabelo cortado rente e me procurou para saber mais sobre o que o instituto fazia. Ele era de Acari, formado em administração pela PUC-Rio. Apesar de termos estudado na universidade no mesmo período, não o conheci nos pilotis da PUC. Mas tínhamos muito em comum. Ele também tinha passado por uma experiência profissional numa multinacional e acabara de se envolver com a criação do Coletivo Nuvem Negra, que estimulava o debate sobre raça no meio acadêmico. Estava trabalhando como autônomo, prestando serviços para gestão de condomínios e pequenos negócios. Fazia mil e uma coisas ao mesmo tempo.

Falei com ele sobre os pilares de atuação do ID_BR — educação, empregabilidade e engajamento — e sobre o que já havíamos feito: tínhamos o selo "Sim à Igualdade Racial", uma consultoria para apoiar empresas a construírem seu pilar antirracista, um programa de educação e bolsas de estudos para jovens negros e tínhamos realizado dois jantares beneficentes (que ainda não haviam se transformado no prêmio Sim à Igualdade Racial), um fórum e uma corrida. Lembro até hoje de como ele me olhava com desconfiança. Parecia não acreditar em uma palavra do que eu dizia. Que bom que eu estava errada. Ele foi uma das primeiras pessoas que encontrei que estava disposta a dançar comigo um baile sem hora para acabar e que exigia muita energia — e até hoje é assim. Foi um grande desafio convencê-lo a largar tudo o que fazia para se concentrar essencialmente no ID_BR, mas deu certo. Juntos, conseguimos organizar o instituto e atrair mais empresas e pessoas a dizerem "Sim à Igualdade Racial".

Nessa mesma época, conheci Bruno Ribeiro, que passou a me apoiar na comunicação. Juntos, Tom e Bruno estiveram sempre comigo nessa nova fase de crescimento do ID_BR. Roberto Andraus segurava as pontas sempre que eu tinha que ir para São Paulo. Pouco a pouco foram chegando algumas de nossas lideranças. Felipe, Anny, Aline, só para citar alguns. E ainda vislumbramos muito pela frente. Que assim seja! Até hoje brincamos que, quando Penha e Acari se juntam, o mundo que lute.

"Largue tudo e faça o que você ama", "Vá empreender", dizem os artigos de revistas sobre empreendedorismo. Eu já disse que acho isso tudo uó? Se você adotar uma visão mais crítica e colocar uma lente de aumento para olhar as matérias sobre negócios bem-sucedidos — dos dinossauros aos unicórnios —, vai ver homens brancos e, entre eles, muitos herdeiros no comando de empresas. Até criar o ID_BR, eu não tinha lido nenhuma notícia sobre mulheres negras à frente de um negócio que fosse considerado um unicórnio e recebendo uma bolada para seguir, embora conhecesse uma série de empreendimentos criativos e estruturados. Os unicórnios são startups que recebem dinheiro em rodadas de investimentos e possuem processos mais ágeis. Já dinossauros são empresas centenárias com um plano de negócios estabilizado e nome no mercado. Em geral, os primeiros têm tido cada vez mais facilidade para atrair talentos, diferentemente dos segundos, que, apesar da força de suas marcas e mais estabilidade, têm menos abertura para a inovação e processos mais lentos.

Não estou dizendo que as pessoas não devem lutar pelos seus sonhos, sejam eles abrir ou expandir um negócio, mas que devemos parar de romantizar essa história de que todos partem do mesmo lugar quando o assunto é empreender. O buraco é muito mais embaixo. E eu só me dei conta disso quando pensei no empreendedorismo como uma possibilidade para a minha vida.

Para começar, me perguntei: o que é um empreendimento? Demorei para entender que empreendedorismo engloba desde quem vende bala no sinal até quem abriu uma empresa para vender obras de arte. Entendi também que as pessoas partem de diferentes motivações: algumas o fazem por necessidade, para sobreviver, enquanto outras aproveitam uma oportunidade ou simplesmente têm vontade de fazer algo novo.

Ao longo das minhas pesquisas, esse panorama ganhou ainda mais detalhes e — por que não dizer? — cores. Entre os que empreendem por necessidade, vejo uma maioria de mulheres negras e periféricas, parecidas comigo (placar desfavorável, para começar); entre os que empreendem por oportunidade, temos homens brancos de classe média alta ou altíssima.

Outro ponto importante: entre as pessoas que empreendem por necessidade, as áreas de atuação são semelhantes: comida, costura, serviços operacionais (eletricistas, pedreiros, mecânicos, motoboys/motogirls, cuidadoras, babás), beleza (cabeleireiras, manicures, esteticistas, massagistas), só para citar alguns.

Já quem empreende por oportunidade tem mais tempo para refinar seu tipo de negócio, o que abre imensamente o leque dos ramos de atuação e também permite que estejam associados a novas tecnologias. Assim, conseguem se destacar e criar uma inteligência de precificação, aumentando suas chances de enriquecer e escalar seus negócios em nível nacional ou global.

Parece cruel, e é, mas um negócio que começa por necessidade tem muito menos possibilidade de escalar do que aquele que começa por oportunidade. E, por favor, não vale se pautar pelos casos de exceção para construir a falsa ilusão de que todos têm a mesma chance de chegar lá. Afinal, quantas pessoas podem parar suas vidas para tirar um ano sabático, fazer uma pós-graduação, um MBA, ou pelo menos reservar um tempo para planejar seus negócios? Poucas. Aí é que mora a diferença. Aliás, a diferença mora nos detalhes e no filme da história, e não na fotografia do momento. Se formos até 1879, mulheres brancas da elite conquistavam o direito de frequentar universidades, enquanto até 1888 mulheres negras vendiam quitutes para comprar alforria, pois ainda eram escravizadas. Ver a história por esse prisma nos dá mais elementos para enxergar que certas realidades andam em descompasso, e isso não é aleatório ou mera coincidência.

Mas Luana, o que isso tem a ver com a sua história? Bem, eu já tinha dito que fui a primeira da minha família a concluir o ensino superior. Isso diz muito, mas não tudo. Profissionalmente, também fui a primeira a poder escolher empreender. E isso é um luxo, ainda mais se você considerar que esse histórico não existia na minha família, que vinha trilhando um caminho pautado na busca pela estabilidade financeira, já que viemos de um contexto de escassez. Logo, tudo o que pudesse oferecer alguma certeza era bem-vindo.

Minha mãe, minha avó e minha bisavó foram servidoras públicas e apontavam o mesmo caminho para mim. Meu pai, militar. A segurança de eu ter um holerite eterno e renda de base era o sonho da minha mãe. Ela queria o que considerava que me faria bem. Tive que ter muita malemolência para convencê-la — e me convencer — do contrário, tentando indicar que havia outras possibilidades profissionais. Por sorte, mamãe botava fé no que eu dizia. (Obrigada, meu Deus, por ter me dado o dom do convencimento e, à minha mãe, o dom da confiança, amém!) Minha mãe não só acreditou em mim como teve paciência, compreensão e recursos para apoiar processos de longo prazo e incertos, especialmente por não terem sido trilhados até então — como empreender e a carreira de modelo, que não foi das mais lucrativas. Meu tio foi o exemplo mais próximo de empreendedor que eu tive. Ele, que é bombeiro de profissão, gostava de cozinhar e abriu ao longo da vida várias lanchonetes. Dizia não apenas gostar do fogão, mas também de atender as pessoas. Não chegou a ganhar muito dinheiro nem estruturou um plano de negócios, então não podia contar com isso para ser seu ganha-pão.

Quando decidi largar meu emprego na multinacional para iniciar um mestrado e um curso numa incubadora de negócios, confesso que pensei várias vezes em desistir. Cheguei a me inscrever em algumas vagas de emprego, mas acabei não indo às entrevistas. No fundo, eu estava determinada a fazer o ID_BR funcionar.

Com essa vontade, nasceu também o desejo de correr uma maratona. Como se já não bastasse a maratona que era tirar um negócio do papel e fazer um mestrado, decidi, junto com o Louis, treinar para completar minha primeira maratona antes dos trinta anos. E lá fomos nós. Inscrição feita: frio na barriga. Só restava me jogar de cabeça nos treinos para cumprir essa meta pessoal.

Nessa mesma época, fui convidada a participar como apresentadora dos vídeos de treinamento produzidos para os Jogos Olímpicos por um professor que me conheceu na PUC-Rio. Ele dava um curso livre para apresentadoras de TV, que acabei frequentando. Fiquei ainda mais convicta de que para se dar bem na PUC era necessário ter "contatinhos" e informações valiosas, como a que esse professor me passou.

Como renda complementar, também fui convidada para integrar um projeto de corrida urbana da Nike. Além de precisar do dindim, esse convite coincidiu com o projeto da maratona. Ele fazia parte de uma série de ativações pré-olímpicas da marca. Na prática, eu seria a *pacer* — minha atividade seria liderar um grupo de corredores de rua, ditando o ritmo da corrida, com outras pessoas que iriam até a loja para se exercitar e acabavam experimentando e comprando produtos. Fiz grandes amigos de corrida e da vida. Como todas essas atividades eram de meio período, elas me permitiam continuar investindo tempo no ID_BR, além de fornecer investimentos-semente para o meu negócio. Entre treinos e a tarefa de erguer um empreendimento, minha vida virou quase que literalmente um corre-corre, mas isso me dava mais prazer do que os episódios profissionais que eu havia experimentado até então.

Nos dedicamos a treinos que começavam às cinco da manhã e que poderiam chegar a trinta quilômetros. Após meses dessa maratona de treinos, a prova chegou. Foram 4h27 de corrida, saindo do fundo do Recreio e seguindo até o Aterro do Flamengo. Quem conhece o Rio de Janeiro sabe que é um trajeto e tanto! Louis chegou antes. Respeitei meu ritmo, pois minha felicidade estava em completar o trajeto. Foram mais de quatro horas de briga com meu corpo e minha mente, uma experiência importante para reforçar em mim a vontade de persistir e resistir a todo e qualquer obstáculo, especialmente o cansaço de coisas que demoram ou que não ocorrem como desejamos.

No fim da maratona, para brindar a chegada, nossa equipe de treinamento preparou uma piscina de gelo para mergulharmos e amenizar a dor nas pernas. Essa prova me ensinou a ter ainda mais resistência, a seguir adiante quando processos dolorosos parecem intermináveis, a celebrar cada quilômetro percorrido como uma conquista, apreciar o percurso e ver a vitória como consequência. Parece clichê, e é, mas é assim que eu me sinto até hoje.

Agora vem o desafio do triatlo, ainda sem data. Espero poder treinar em breve a resistência no campo físico e mental, algo que serve para a vida como um todo. É assim que eu vejo o empreendedorismo: uma prova de resistência nada romântica, em que o autoconhecimento e o entendimento do contexto são detalhes fundamentais para se ter êxito — e a cada quilômetro há espaço para se questionar, melhorar e estabelecer novos desafios.

Acredito que na vida existem várias linhas de chegada invisíveis que não nos contam. E a minha luta, além de completar as provas que decido fazer, é apoiar outras pessoas para que elas também possam cruzar a linha de chegada — isso sem ser uma exceção, mas, quem sabe, a nova regra do jogo.

Quem você pode ajudar a subir na carreira?
O que você está de fato fazendo para isso acontecer?

14. Um sonho com data

Uma das coisas mais preciosas que aprendi é que devemos estabelecer prazos para as coisas que desejamos realizar. Das mais complexas às mais simples. Desde entrar num curso sobre algo novo este mês até começar a fazer exercício três vezes por semana na segunda que vem. Sei que nem sempre temos a dimensão correta de quanto tempo as coisas precisam para acontecer, especialmente aquelas que não dependem só de nós — e, se considerarmos a participação de terceiros e os recursos envolvidos, fica tudo ainda mais complicado. Além disso, precisamos contar com variáveis externas ainda mais incontroláveis, como uma pandemia, que colocou em xeque qualquer previsão possível.

Ainda assim, esse exercício de tentar não postergar tarefas e estabelecer prazos — ainda que seja possível estendê-los — tem me ajudado a não deixar as coisas por fazer. Sinto que muitas vezes ficamos apenas no desejo ou olhando para o passado, usando um tempo verbal de que, pessoalmente, eu não gosto: o pretérito imperfeito do subjuntivo, que considero realmente imperfeito — "Ah, se eu tivesse feito…". Louis insiste em usar o equivalente em francês — o "j'aurais du" [deveria ter feito] —, o que me causa certa irritação, pois enfatiza a culpa pelo que não fizemos e, assim, deixa de projetar ("eu farei") e de dar prazos ("até amanhã") para essas projeções. Para mim, é um desperdício.

Aprendi que há prazos e metas compartilháveis, e existem aqueles que funcionam melhor quando são guardados em nossos corações. Não há uma fórmula mágica, e isso deve ser analisado caso a caso. Eu me guio pelos casos que vi darem certo. Vou citar dois exemplos: o planejamento da gravidez da Alice, que existia na minha cabeça e na do Louis, e a ocupação do perfil do Bruno Gagliasso, que tinha a intenção de trazer para as minhas redes 1% dos seus seguidores em 24 horas. Explico.

Após completar a universidade e com mais de cinco anos de casada, amigos e familiares me perguntavam com frequência se eu pensava em ter filhos. Eu desconversava, vivia fugindo do assunto. Dizia sempre "Ah, quem sabe um dia", ou "Adoro crianças, mas preciso de mais tempo", ou dava até respostas mais duras, que considero absolutamente válidas, como: "Nem toda mulher deseja ser mãe", "Ainda não me decidi, mas não ter filhos pode ser um caminho pra mim". Não queria que ninguém se intrometesse num prazo tão pessoal. Na minha cabeça, com tantas incertezas em relação a se o ID_BR daria certo, eu projetava que necessitaria de alguns anos a mais para decidir sobre o assunto. Precisava amadurecer meu propósito e como poderia entregá-lo ao mundo, queria ter um desenho mais nítido disso antes de pensar em gravidez. E até pensava em não ter filhos. Só quando conseguimos alguns contratos iniciais e reunimos nosso pequeno grupo fixo no ID_BR é que senti que poderia começar a colocar um prazo para o projeto da gravidez (mesmo que ainda existissem indefinições em relação ao instituto).

Engravidei em junho de 2017 e fui tocando como pude. Usei a gravidez para convencer meus parceiros de jornada de que deveriam se dedicar só ao ID_BR, porque se fizessem outros projetos não conseguiríamos avançar. Tom Mendes sabe bem disso. Acho que Alice ajudou a convencê-lo a se jogar de cabeça no instituto. Foi um exercício e tanto. Dei tudo de mim na minha melhor versão negociadora. Acho que os hormônios e a barriga crescendo me ajudaram. Na sequência, também nos demos um prazo para conseguir uma sede para o ID_BR, que nasceu junto com a Alice, em março de 2018. Todos esses prazos foram estimados. E ver esses dois projetos tão diferentes saírem do papel me deu um superssenso de realização. Foi muito especial. (Sobre o nascimento da Alice, separei o próximo capítulo para falar só disso, combinado?)

O caso da ocupação das redes do Bruno Gagliasso é um episódio tecnicamente mais simples, mas ainda assim estipulei uma meta e um prazo. Logo após a morte de George Floyd, a pauta antirracista inundou as redes. Começou com pessoas e marcas declarando apoio por meio da postagem de um quadradinho preto com a hashtag #BlackOutTuesday [terça-feira do blecaute]. Logo foram questionadas por seus seguidores sobre seu real apoio à causa: o que de fato faziam para serem constantemente antirracistas? Na sequência, pessoas brancas com milhões de seguidores passaram a ceder seus perfis para pessoas negras, no intuito de fazer suas vozes ecoarem em espaços com um número maior de pessoas.

O primeiro caso que vi surgir foi o do humorista Paulo Gustavo, que infelizmente faleceu, uma das milhares de vítimas da covid-19. Paulo, na época do ocorrido com George Floyd, cedeu seu perfil para a filósofa e escritora Djamila Ribeiro. Surgiram também movimentos como o #ShareTheMicNow [compartilhe o microfone agora], com Brené Brown encabeçando e estimulando mulheres brancas a dividirem seus espaços nas redes sociais com mulheres negras.

Na época, Bruno Gagliasso e eu já éramos amigos e estávamos comentando o fenômeno. Combinamos então que eu ocuparia as redes dele durante 24 horas. Chamei um time para me ajudar a dar conta desse desafio em meio a uma rotina intensa de trabalho. Bruno e eu combinamos que ele me pagaria — e eu repassaria esse valor às pessoas que chamamos para trabalhar nessa "ocupação". Foi um valor simbólico, mais um reconhecimento pelo trabalho de produção de conteúdo. Sempre defendi que a luta antirracista também deveria ser feita injetando renda no trabalho de pessoas negras e indígenas.

Mas qual seria a mensagem? O que eu falaria durante 24 horas nas redes sociais do Bruno? Com meu time, em especial com Tom Mendes, decidimos que nosso principal objetivo seria atrair parte das redes do Bruno para as minhas, já que eu realizo um trabalho de cunho antirracista constante, no meu dia a dia, e seria impossível os seguidores dele entenderem o que eu fazia em apenas 24 horas. Estabelecemos então o desafio de atrair 1% da rede do Bruno Gagliasso, que contava então com 17 milhões de seguidores no Instagram. Eu tinha na época 26 mil. Portanto, ao final do desafio, eu deveria ter 170 mil seguidores a mais. Fizemos uma série de lives e postagens reforçando a mensagem. Em 24 horas, conseguimos chegar à marca de 190 mil seguidores, e pouco depois chegamos a mais de 200 mil. Fiquei feliz em bater a meta.

Agora, penso também em objetivos mais ousados, especialmente quando estamos lidando com causas estruturais. Às vezes, os prazos me parecem utópicos. É possível estimar uma data para acabar com o racismo? Poderemos um dia acabar com o machismo? Com essas causas aprendi a validar as pequenas coisas que podemos medir, ainda que façam parte de um escopo maior. Sinceramente, não sei se conseguiremos acabar com o racismo, mas acredito muito que as oportunidades podem ser galgadas — e, elas sim, são mensuráveis e são conquistas. Já pensou se até 2066 nós conseguíssemos ter pelo menos 50% de mulheres negras nas quinhentas maiores empresas do país em cargos de liderança? Me deixa sonhar, vai! Pelo menos é mais mensurável do que saber se seremos mais ou menos racistas até lá. Se isso acontecer, teremos reduzido a estimativa do Instituto Ethos, de que seriam necessários 150 anos para equiparar brancos e não brancos em cargos de liderança nas empresas.[1] Por isso me sinto fortalecida com cada conquista mensurável que me leva a um objetivo, principalmente quando o assunto é causa estrutural. Celebro cada microconquista sem esquecer do meu grande sonho — que está guardado bem longe daqueles que dizem que vai dar tudo errado. Comemoro cada um que passa a ter contato com reflexões da pauta antirracista e cada pessoa negra que chega a um cargo em diretoria ou conselho. Festejo o fato de que hoje eu posso aprender mais sobre a pauta indígena, de pessoas com deficiência ou LGBTQIA+, sendo capaz de mudar meu linguajar e tentando me atualizar e provocar todos os dias o meu entorno.

Mas nem tudo são flores. Há muitas frustrações ao longo do caminho. Quando vemos pessoas negras ou indígenas morrendo assassinadas, demissões em massa e tanta dificuldade no acesso à educação de base, me dá a impressão de que estamos enxugando gelo. Uma mudança estrutural requer que várias esferas da sociedade caminhem juntas. Não podemos abrir mão de grandes sonhos e idealizações, mas podemos celebrar as pequenas conquistas reais, até para renovar as forças, recuperar o fôlego e continuar sendo água mole em pedra dura. Além disso, tenho aprendido que não dá para tentar abraçar toda a complexidade da realidade sozinha. É necessário escolher nossas brigas, para o bem da nossa saúde física e mental, e entender onde conseguimos atuar com qualidade, obviamente sem perder a noção do entorno. E é bom evitar ao máximo se comparar com outras pessoas. Cada trajetória é única, assim como toda onda tem sua própria forma e seu próprio ritmo. Eu sei que não sou forte como uma onda gigante. Quero poder chorar e não ter que ser forte o tempo todo. Quero que as mudanças sejam experimentadas coletivamente. Quero que as próximas gerações não passem pelas mesmas situações que eu passei. Dividi com vocês alguns episódios da minha vida que me fortaleceram e espero que muitos outros venham ainda. Me disponho a continuar aprendendo.

Costumo dizer que quero ver o meu desejo de igualdade racial ser realizado em vida. Não acho justo delegarmos nossas responsabilidades ou romantizarmos que tudo será melhor para as próximas gerações. Se não fizermos nossa parte em vida e com a urgência que demandam, nada vai mudar. Assim como Martin Luther King, eu tenho um sonho e quero vê-lo se transformar em realidade, ou pelo menos avançar o máximo possível.

Seu sonho também tem data e plano de ação?

Qual é o seu grande sonho? Seu sonho tem um prazo? Qual foi a última grande — e pequena — conquista que você celebrou?

15. Catorze horas

A maternidade é uma jornada desafiadora — ou, como gosto de dizer, é uma maratona. Ser mãe é ter disposição e energia para percorrer muitos quilômetros. Nessa corrida contra o tempo, vejo Alice crescendo diante dos meus olhos. E com ela cresce uma mãe com um olhar curioso e com mais dúvidas do que certezas, que se questiona o tempo todo. Mas isso não compromete a delícia que é acompanhar de perto cada novo marco de sua vida. Os primeiros passos, as primeiras palavras, o primeiro xixi no peniquinho, as dancinhas no chuveiro e as histórias que deveriam ser para dormir — porque ela não dorme tão fácil assim. Sempre pede bis. Consequentemente, esta mãe que vos fala tem saudades das boas noites de sono. Mas eu não trocaria a insônia da maratona materna por nada.

Assim como na preparação para uma maratona de verdade a dieta é fundamental, acredito que uma das coisas que me fortalecem é a forma como venho nutrindo as relações ao meu redor. Aprendi a dizer não. Pela privação do sono e por ter que dedicar muito tempo e energia para a Alice, as horas destinadas a compromissos têm que valer a pena de verdade e a minha paciência está sem dúvida menor. Digo "não" a reuniões que podem ser resumidas num e-mail, a deslocamentos físicos que podem ser resolvidos com um telefonema ou uma videochamada (para quem tem o privilégio do teletrabalho, a pandemia reforçou isso). Digo não a amizades e a papos que não agregam nada, pelo menos neste momento. E ainda preciso calibrar ainda mais.

Admito que falar é mais simples do que fazer. No dia a dia, há variáveis no meio do caminho. Nem sempre é fácil saber de antemão se essa ou aquela reunião não deveria ter acontecido. E depois que rolou, já era, e eu detesto conjugar verbos no futuro do pretérito. Afinal, ainda não foi inventada uma máquina do tempo para voltarmos ao passado ou avançar para o futuro. Se o que passou não foi tão produtivo, que seja então uma lição aprendida.

Por outro lado, também digo sim com muito mais gosto, uma vez que passaram a ser mais raros. Digo sim para coisas que não posso delegar ou para aquelas em que posso contribuir de forma efetiva. Assim, além de celebrar as pequenas conquistas da Alice, comemoro também as minhas. Hoje, tento parar de trabalhar antes das oito da noite, para que isso se traduza em mais tempo de qualidade comigo mesma ou com a família. Coloco mais o celular em modo avião quando estou à mesa ou sentada no sofá vendo uma novela com minha avó. É uma forma de estar só com ela e conseguir comentar o capítulo sem me distrair com notificações e com o feed de notícias. Mas também tenho as minhas recaídas rompendo com essas boas práticas.

Também celebro como uma conquista incluir na agenda momentos para ficar a dois. Só assim o papai e a mamãe workaholics da Alice podem namorar e papear sobre assuntos que não sejam trabalho. É difícil, mas necessário. Comemoro ter comprado de uma amiga empreendedora negra um pacote de massagens para ter algumas horinhas de relaxamento só minhas.

Tempo para mim, para a família, a dois. O barato de cada fase da vida é calibrar e equilibrar melhor os tempos dessas várias versões de mim mesma, pois não é simples separá-las, elas que se misturam no liquidificador da rotina. Enquanto me exercito, procuro calibrar a hora da corrida, da bicicleta e da natação (meu treino para o triatlo, lembra?). Tenho tentado resgatar a disciplina que eu tive quando treinei para a maratona, pois esse processo me fortaleceu e me fez conhecer muito do meu corpo e dos meus limites, tensionados a pontos que eu desconhecia. É impressionante o quanto consigo pensar e refletir sobre diversas questões enquanto corro. É um desafio e uma terapia: uma forma de ter novas ideias e até de esquecer dores de cabeça e cólicas.

Certo dia, correndo por aí, me vieram à cabeça flashes do parto da Alice. Quando eu estava indo para a maternidade, lembro como se fosse hoje, falei para a doula que me acompanhava: "Ela está chegando". Meu corpo vibrava como se estivesse passando por uma sessão de exorcismo. Eram as contrações. Eu não tinha mais o controle. É muito louca a sensação de experimentar um corpo que tenta expulsar outro, sentindo todos os desencadeamentos que isso provoca.

Eu estava obstinada a ter um parto normal, mas sabia que poderia ser uma cesárea — o mais importante era Alice nascer com saúde. De todo modo, eu já tinha passado por um importante processo de autoconhecimento do meu corpo com a ajuda da minha doula, estava psicologicamente preparada para a dor e ciente de que meu corpo tinha condições de empreender um parto normal, sem intervenções. Eu havia tido uma gravidez saudável, e nem uma visita ao centro cirúrgico com minha obstetra me fez cair em tentação. No fim, pari de cócoras após um trabalho de parto de mais de catorze horas. Uma das coisas de que mais tenho orgulho na vida é de ter visto aquela cabecinha saindo de mim e, literalmente, me rasgando. Doeu muito, mas valeu. Saí daquela sala me sentindo uma leoa, capaz de tudo. Depois os hormônios foram embora, o peito empedrou e me senti humana e fraca de novo. Esse episódio do parto normal virou uma medalha, com direito a registros fotográficos e de vídeo (sou dessas) e um relato que escrevi para o site Mundo Negro, de que compartilho alguns trechos aqui:[1]

> Na segunda-feira, dia 19 de março de 2018, Louis e eu fomos abençoados com a chegada da nossa tão esperada Alice. Para além das nossas possíveis expectativas, vimos materializado em 3,8 quilos e 52 centímetros o fruto de nosso amor, um presente de Deus.
>
> [...] Para mim, a preparação para uma gravidez planejada começou há mais ou menos dois anos. Lembro que, na época, assisti a um documentário chamado O renascimento do parto,[2] que jogava luz sobre a industrialização do parto no Brasil, incentivava partos normais e a busca por práticas mais humanizadas.
>
> Achei supercoerente e comecei a me questionar sobre meu próprio parto, que tinha sido uma cesárea [...]. Até então, pelas experiências próximas, praticamente não havia outra opção que não fosse essa. Muito comum também com outras colegas ter tido experiências de violências obstétricas e racistas que exigiam delas uma força descomunal ou que parassem de reclamar das dores que sentiam, expressas em frases como: "Você é forte, nêga, você aguenta...".
>
> [...] Lembro que saí do cinema decidida a mudar de ginecologista, uma vez que a minha já havia dito que parto para ela era cesariana. [...] Comecei a partir daí minha busca por outras profissionais que pudessem ter uma prática mais alinhada com o parto humanizado. Achei a dra. Karina. Com ela comecei a dividir meus anseios e a vontade ainda longínqua de me tornar mãe.

Dois anos se passaram. E na virada de 2016 para 2017, decidimos que poderia ser o momento. Não demorou muito. Alice (que também poderia ter sido Hugo) já se mostrou para nós nos exames. Decidi levar uma gravidez o mais ativa possível. Fiz exercícios, incluindo uma prova de cinco quilômetros de corrida. O que não impediu que eu ganhasse muito peso, afinal não tinha uma dieta regrada. Também me apaixonei pela aula de circuito [...]. Louis me acompanhou todo o tempo e Alice se tornou uma companheira desde o útero nas viagens a trabalho.

[...] Também teve a parte da doula. Ao conversar com algumas amigas, elas me aconselharam a ter uma. Entrevistei algumas e rolou uma química muito forte com a Flavinha. Com ela, descobri pouco a pouco o real papel dessa profissional. Dividi com ela minhas dúvidas, fizemos um plano de parto e com isso foi acontecendo uma preparação mental e física para uma grande dor. Uma dor do bem, do amor, mas que não deixava de ser uma das maiores dores que eu passaria na vida e que não tinha regra. Cada parto era um parto.

Quarenta semanas se passaram entre trabalho, orações, dores, exames incômodos sempre acompanhada pelo pai, desejos, um alarme falso, hormônios, dúvidas, exercícios, muito amor e apoio. [...] Lembro que com quarenta semanas e três dias tive uma dica de ouro. Me isolei. Me concentrei. Desliguei o celular. Orava, meditava e me conectava com Alice. Fiz duas sessões de acupuntura que me ajudaram no processo expulsivo, comi as famosas tâmaras (conhecidas por ajudar nas contrações). No sábado comecei a sentir os sinais de que o grande momento estava por vir. [...]

Liguei pra doula, que chegou à meia-noite, acompanhada da fotógrafa Marina. Uma escolha de último momento muito acertada. Sim, registrei um dos momentos mais importantes do filme da minha vida para a posteridade. [...] Tive uma crise de choro, de medo, de ansiedade. Clamava a Deus... pedia força. Flavia me massageava na minha cama. No quarto, com luz baixa, colocou alguns aromas, o de lavanda me marcou. Esse acompanhamento foi fundamental. Me senti fortalecida. Às quatro horas da manhã retornamos à maternidade. A médica me tocou e disse que já estava com cinco centímetros de dilatação. Chamamos a obstetra. Karina chegou e fomos direto para a sala de parto. Na minha cabeça o pensamento de que o momento estava se aproximando, #SóQueNão.

Colocamos Sabotage — "Respeito é pra quem tem" —, a trilha perfeita. Alice já nasceria com a mensagem política do rap. Luzes baixas. Louis e eu começamos a dançar. Sua presença foi fundamental nesse momento. O ambiente propício e privilegiado do parto humanizado. Fomos para a banheira quente (meu sonho na época era ter um parto semelhante ao da Bela Gil, do Nino, na piscina). Contrações iam e voltavam, mas não eram ritmadas e o tempo passava. Pessoas olhavam o relógio. Aquilo me incomodava.

Medimos e as contrações não evoluíam muito. Em um dos toques que recebi, diagnosticamos um edema que poderia colocar em risco nossos planos. Fiquei com medo. Começava a figurar na minha cabeça que pela demora alguém ia acabar me dizendo que seria necessária uma cesárea. Sentei na bola de Pilates. Flavinha me massageava. Me fazia exercitar, mexer bem o quadril, a não desistir. Ali, naquele momento, entendi que o papel da doula foi fundamental, não só pelo lado físico como psicológico. Já eram quase catorze horas.

A médica sugeriu estourarmos a bolsa e ver se isso poderia ajudar a acelerar as contrações. Assim fizemos. A princípio, eu estava avessa à ideia de qualquer outra intervenção artificial, mas concordei. [...].

Às 15h30, as contrações finalmente pareciam tomar ritmo, mas eu ainda não sabia se iriam engrenar. Eu não achava postura para ficar. [...] Karina deu a ideia de pendurarmos um pano no teto. E lá fui eu. De cócoras, comecei a puxar aquele pano do teto, como fazia nas aulas de circuito. Alternava com a posição de quatro apoios na cama. Sem que eu pudesse perceber, um ritmo foi se criando. Ao som de uma música bem repetida com mantras colocada pela doula, comecei a entrar em um estado de plena concentração. Esse processo levou um tempo que eu mal senti passar.

"Olha, a cabecinha já está descendo..." Alice está aqui. Meu coração disparou. Sabotage voltou. Fiz a maior força da vida. Ela finalmente desceu sozinha e foi acolhida pelas mãos da obstetra e do papai às 17h10. Ao som de "Respeito é pra quem tem", eu estava paralisada. Só conseguia falar: "Você chegou!". O parto normal finalmente aconteceu.

O pediatra a levou ao peito. Trocamos nosso primeiro olhar, nos demos calor. Placenta e costura à parte — sim, tudo isso dói muito —, um amor absurdo tomou conta de mim.

Eu agora era mamãe de verdade.

Você já procurou saber como foi seu nascimento?
Se você é mãe ou pai, como descreveria o momento
em que seu(s) filho(s) nasceu(ram)?

16. Pivotando na pandemia

Não sei qual destas frases é a pior: "Na pandemia, estamos no mesmo barco" ou "A pandemia fez aflorar milhões de empreendedores no Brasil". São discursos que até podem ser dotados de boa intenção, dependendo de quem diz, mas reforçam uma certa pasteurização de narrativas, como se todos os empreendedores partissem do mesmo lugar. E acho que você já notou o quanto isso me irrita, pois é muito perigoso, ainda mais se levarmos em consideração o cenário de um país onde a maioria empreende porque precisa, porque não consegue uma colocação formal no mercado de trabalho por causa de fatores que muitos já sabem de cor: educação pública precarizada, concentração de pessoas em formações que são dissonantes aos mercados que pagam melhor e com maior crescimento e por aí vai. Temos CEOs brancos em unicórnios recebendo milhões em investimentos enquanto homens e mulheres negros recebem pouco ou nenhum centavo.

Com a pandemia, vimos os abismos serem ainda mais intensificados. Portanto, na minha visão, no mesmo barco nunca estivemos. No máximo, num mesmo maremoto chamado coronavírus. Uns com iates e outros com botes furados. Também passei por ele com o meu barco, uma embarcação modesta que chacoalhou bastante, e por vezes achei que íamos naufragar. Foi mais ou menos assim: éramos onze no instituto. Assim que a pandemia apareceu, colocamos todo mundo em home office sem hesitar. Aprendemos nossa força e aos poucos entendemos como funcionar à distância. Primeiro convocamos uma reunião geral para dizer que não sabíamos como seria o futuro, mas que mesmo de longe deveríamos ficar próximos e iríamos avaliar o cenário dia após dia. Acreditávamos, no início, que ficaríamos isolados por alguns dias, talvez algumas semanas, jamais imaginamos que seria algo tão duradouro. Instauramos um comitê de crise para chamar para perto algumas pessoas de diferentes áreas que pudessem fazer forças-tarefa de acordo com o cenário que se apresentasse nesse novo e estranho contexto.

Com nossos conselheiros consultivos, nosso orientador técnico Elson Valim e Tom, na época gerente-geral do ID_BR, abrimos o coração: estávamos com receio de quebrar e ver a pauta antirracista no mundo corporativo retroceder após tantos esforços para que o mercado assumisse uma postura mais proativa e com investimentos destinados a combater o racismo. Muitas das nossas consultorias e dos nossos eventos foram cancelados, patrocínios foram suspensos. Pelo menos tínhamos uma reserva para nos manter por alguns meses, diferente de muitos empreendedores negros que dependiam de imediato de um auxílio emergencial. Fomos confrontados como uma ONG que trabalhava com a pauta antirracista e não estava na rua distribuindo pratos de comida, ação que muitas organizações de parceiros nossos, que trabalham com desigualdade social, prontamente assumiram. Decidimos reforçar a importância de apoiar seus trabalhos em vez de assumir essa tarefa como uma frente, pois não dominávamos a logística e a forma como deveria ser feita. Nessas horas, autoconhecimento é fundamental. Num país onde parte da população ainda é capaz de negar o racismo e dizer que existem apenas discrepâncias sociais, lidar com o antirracismo diante de uma crise sanitária pode parecer algo acessório — o foco para muitos deveria ser única e exclusivamente livrar as pessoas da fome.

Tivemos então que fazer um exercício nos perguntando qual postura assumiríamos nesse cenário. Decidimos por um papel informador. Intensificaríamos nossa produção de conteúdo para que a sociedade tivesse noção sobre o quanto a crise sanitária vulnerabilizava profissionais e pessoas negras de um modo geral. Percebíamos a importância de quem distribuía sopão e cestas básicas, mas entendemos que nosso papel era outro, complementar. As ações contra a fome eram urgentes, enquanto as nossas se direcionavam para o longo prazo — e não deveriam ser menos prioritárias, a nosso ver, pois o racismo se soma às desigualdades sociais. A luta antirracista tem a ver com a divisão de poder. Conheço muitas pessoas que doariam um prato de comida, o que é muito louvável, mas não sei se aceitariam tão facilmente serem chefiados por uma mulher negra.

Como será o futuro pós-pandemia? Com mais pessoas negras desempregadas ou com seus empreendimentos quebrados, uma vez que o confinamento necessário paralisa atividades, congela salários e impede empreendimentos de rodarem? Conseguiremos nos reinventar? O que podemos fazer diante dessa situação para não atrasar ainda mais a promoção da igualdade racial?

Chamar pelo menos atenção para a reflexão sobre raça, mundo do trabalho e pandemia é crucial. Foi daí que nasceu a pesquisa sobre saúde financeira de mulheres negras na pandemia.[1] Chamamos instituições parceiras como a EmpregueAfro, a Empodera e a Universidade Zumbi dos Palmares para colaborar, construir junto e disseminar a pesquisa. Nosso time de empregabilidade foi responsável por cunhar as perguntas de base da pesquisa, editadas por essa coalizão com outras organizações que também atuam com a pauta antirracista. Volta e meia o grupo se questionava se deveria continuar a fazer a pesquisa ou ir distribuir cestas básicas. Insistimos na pesquisa. Acolhemos mais de duzentas respostas da nossa base de mulheres negras empreendedoras e empregadas em empresas.

Entre as empreendedoras que abriram seus negócios, 80% das respondentes não tinham reservas financeiras para enfrentar o cenário pandêmico e precisariam de auxílio emergencial para se manter. Nossa tendência era considerar esse um grupo mais vulnerabilizado que o das profissionais alocadas em empresas, visto que não tinham uma estrutura à qual recorrer. Mas ambos precisavam ser monitorados. Entre as empregadas em empresas nacionais ou multinacionais, ficava evidente o medo de serem desligadas diante do cenário de incerteza, visto que boa parte ocupava cargos mais operacionais, mesmo quando tinham ensino superior e poderiam já estar exercendo funções mais estratégicas. É nas funções de base que ocorrem os grandes cortes de pessoal, e é também aí que a maioria das mulheres negras ainda está. E mulheres dos dois perfis alegavam precisar de apoio psicológico.

Enviamos esse resultado para a nossa base de contatos, que incluía pessoas físicas, líderes corporativos e organizações, e até políticos. Alguns nos procuraram propondo programas específicos para mulheres negras. Funcionou não na escala que gostaríamos, mas muitas empresas entenderam que deveriam promover ações direcionadas à população negra. Fizemos também um apanhado, ao fim do levantamento, de informações relevantes, por exemplo como conseguir o auxílio emergencial ou ainda o contato de empresas que estavam disponibilizando recursos voltados para a população negra ou periférica. Surgiram iniciativas como o Fundo

Enfrente, entre outras. Testamos os links dessas iniciativas para ver quais funcionavam e eram verdadeiros e quais eram falsos. Vale lembrar que a pandemia trouxe uma onda de informações falsas, links quebrados, inexistentes ou ainda maldosos, que extraem dados das pessoas para usos fraudulentos, como desvio de auxílios emergenciais para grupos criminosos. Por isso, a informação que poderia parecer óbvia não era tão simples de se obter.

Essa pesquisa acabou nos dando também projeção midiática e reforçou o quanto os dados da pandemia tinham cor e raça. De fato, a população negra, em sua grande maioria, não está no mesmo barco da população branca, sobretudo a elite branca. O cenário pandêmico traz incertezas e afeta a vida de todos, mas longe da mídia há um número muito maior de gente engrossando as estatísticas, que não se resume às celebridades que adoeceram ou chegam a falecer. A primeira vítima fatal da covid-19 registrada no Rio de Janeiro foi uma empregada doméstica, e, como ela, outras tantas morreram sem holofote. Em 2020, segundo o IBGE, morreram 40% mais negros do que brancos pela covid-19, especialmente os que atuavam em trabalhos informais e com maior exposição ao vírus, além de morarem em zonas periféricas onde os serviços de saúde são mais precarizados.[2] Era justamente isso que queríamos evidenciar, em especial para aqueles que ainda insistiam que estávamos todos na mesma situação.

Entretanto, apesar de termos conseguido emplacar a pauta da saúde financeira das mulheres negras, vários de nossos contratos continuaram a ser cancelados ou congelados. Foram muitas as pessoas que nos colocaram de escanteio por acreditar que a pauta antirracista não era tão urgente assim. Enquanto isso, houve uma onda de doações de empresas e pessoas físicas especificamente para o combate à covid-19, monitoradas inclusive pela Associação Brasileira de Captação de Recursos, a ABCR, que fez um painel para mensurar aquela leva de solidariedade. Mas não havia necessariamente um cálculo dos investimentos destinados à pauta antirracista naquele contexto.

Chegamos a receber do nosso orientador técnico a recomendação para começarmos a desenhar um plano de desligamento gradativo de pessoas que trabalhavam conosco para conseguirmos garantir a extensão da nossa sobrevivência. Retomaríamos os contratos à medida que a situação fosse melhorando. Os prognósticos eram os piores possíveis. Então um acontecimento terrível mudou o rumo dessa história: o assassinato de George Floyd, um homem negro asfixiado por um policial branco em Minneapolis, nos Estados Unidos. A cena brutal rodou o mundo e foi assistida por milhões de pessoas, muitas confinadas em suas casas, o que fez com que alcançasse uma repercussão surpreendente até para nós. O assunto tomou os jornais nacionais e internacionais por semanas, cobrindo protestos em várias partes do mundo.

Infelizmente, essa cena está bem próxima da nossa realidade. A cada 23 minutos um jovem negro morre assassinado no Brasil.[3] A diferença, na minha opinião, foi a disseminação em massa do vídeo, o fato de o episódio ter ocorrido nos Estados Unidos, onde os negros têm maior poder de influência na mídia, e a adesão de mais pessoas brancas, que entenderam que aquela cena não poderia ser normalizada. Várias pessoas e empresas colocaram quadradinhos pretos em suas redes sociais, subiram a hashtag #BlackOutTuesday e, na sequência, começaram a ser questionadas por seus seguidores sobre o que estavam fazendo de concreto pela pauta antirracista.

Convoquei meu time no ID_BR e pedi que fizéssemos o mesmo questionamento para toda a nossa base de contatos que tinha paralisado os investimentos na pauta. E tudo mudou. Começamos a ser procurados para analisar o "cenário George Floyd" e como ele impactaria o posicionamento antirracista das empresas. Cravamos que já não seria possível dizer que não havia uma frente intencional estruturada que permitisse avanços concretos nessa pauta. E assim foi. O ano de 2020 foi quando a pauta antirracista alcançou, mais do que nunca, os *trending topics*. Além de projeção e espaço nas agendas dos CEOs de empresas, houve discussões em grandes fóruns e investimento direcionado para estruturar ações. O mundo se percebeu racista e, por pressão externa, a causa antirracista cresceu também no Brasil. Com isso, nossos telefones começaram a tocar de uma maneira que eu não poderia imaginar. Recebemos inúmeras mensagens pedindo informações sobre a adesão ao selo "Sim à Igualdade Racial", ferramenta do ID_BR que ajuda empresas a estruturarem e mensurarem suas ações ao longo do ano, entendendo a pauta antirracista como uma jornada.

O que era um engajamento lento, negligenciado e sem investimento, ganhou com Floyd uma tônica mais intencional e urgente. Precisou acontecer uma tragédia internacional para entendermos que ela não era algo isolado, e assim começaram a surgir rostos nacionais, como o de João Alberto, morto por policiais no estacionamento de um supermercado no Rio Grande do Sul em plena véspera do Dia da Consciência Negra, também em 2020, evidenciando para aqueles que ainda negavam o quanto essa temática é emergencial também por aqui. Fora os tantos outros casos que acontecem todos os dias.

O desejo agora é não retroceder e trabalhar para que mais vidas negras não sejam ceifadas. Vidas negras precisam importar. Não é normal ver meninas e meninos negros nos sinais fazendo malabarismo, enquanto subimos o vidro do ônibus ou do carro. Vidas negras precisam importar em todas as áreas, incluindo a ascensão dos negros no mercado de trabalho. Muitas pessoas negras e indígenas, mesmo tendo diplomas debaixo do braço, não têm a oportunidade de chefiar pessoas e companhias — e isso precisa mudar. Já não podemos mais adiar a tomada de medidas estruturadas nesse sentido que estabeleçam metas, prazos e investimentos. O mundo pivotou e agora nossa missão é não deixá-lo voltar atrás.

Com novas empresas estimuladas a se engajarem na pauta antirracista, nosso barco, em vez de perder tripulantes ou afundar, precisou de mais braços para continuar remando rumo à igualdade, que é o que nos interessa. Mudamos os nossos eventos, antes presenciais, para o formato on-line, em especial o prêmio Sim à Igualdade Racial, que ganhou uma importante parceria com o Multishow e foi para a TV, alcançando milhões de pessoas, e o Fórum Sim à Igualdade Racial, que, em parceria com o Facebook, foi transmitido on-line e alcançou outros milhares. O prêmio tem Elísio Lopes Jr. na direção artística e Zé Ricardo na direção musical. O Fórum é dirigido por Shirlene Paixão. Na frente e atrás das câmeras fazíamos questão de explicitar que tínhamos diretores negros. O mundo ideal que queremos construir ainda tem muitos questionamentos, espaços para melhoria, mas, entre erros e acertos, ele certamente começa com nós mesmos.

Em quais redes você está conectada(o)?
E como você vem provocando a si mesma(o)
e essa rede a pensar sobre assuntos difíceis com
os quais ainda não tem tanta proximidade?

17. Vai você

"Querido diário..."
Pera... Pera... Sei que essa não é a proposta aqui. Mas é só para que você entenda que o prazer que eu sinto em falar até perder o fôlego é tão grande quanto o que tenho por escrever. E essa paixão não vem de hoje. Quando eu era adolescente, tive uns dez diários, todos não terminados, mas cheios de rascunhos, desabafos e pensamentos. Este é o meu segundo livro. O primeiro foi *Sim à igualdade racial: Raça e mercado de trabalho*, da Editora Pallas, além das minhas colunas semanais na revista *Ela*. Amo, amo escrever até transbordar, posso ser por vezes prolixa, verborrágica, mas tudo bem. É parte de quem eu sou.

Mas nem sempre valorizei essa minha característica. É possível que você não note as coisas em que é boa ou bom, mas talvez alguém perceba isso e te abra os olhos, não é? No meu caso, foi minha mãe. Ela reparava coisas em mim que eu achava banais. Mas não é que ela tem uma intuição e tanto para reparar e ler as entrelinhas? Ela parecia saber que não era por acaso que eu havia ganhado algumas vezes nota máxima em redação.

Pode parecer ausência de modéstia, mas hoje acredito que é

apenas um autorreconhecimento de algo que amo fazer e que algumas pessoas acreditam que eu faço bem. Você já parou para reconhecer isso em você? Podem ser coisas bem simples: desde fazer um bom café, desses que atraem pelo cheiro e deixam todos sedentos, até um bolo que todos elogiam quando você leva para um piquenique. Pode ser uma forma de se vestir que virou a sua marca registrada ou uma gargalhada daquelas que fazem os outros sorrirem só em ouvir. Parece óbvio, mas talvez não seja, como um dia não foi para mim. E ainda tenho muito para aprender sobre mim mesma. Reconhecer o valor do que entregamos para nós mesmos e para o mundo de uma forma especial é revolucionário.

Bem, escrever e falar sozinha (ou com um amigo imaginário) em frente ao espelho, usando palavras difíceis ou recém-aprendidas, sempre foi uma marca minha. Em geral, até a adolescência, eu construía vários argumentos para reclamar da ausência de um irmãozinho com quem eu pudesse brincar. Eu me sentia só em muitos momentos, sem alguém da minha idade com quem pudesse trocar, mas o irmãozinho da parte da minha mãe nunca chegou. Assim, a escrita e a fala sempre foram formas terapêuticas de catarse, de um esvaziamento necessário das minhas tensões, das minhas ideias, dos meus pensamentos, das linguagens que eu inventava e preenchiam a minha mente.

Minha mãe percebia tudo isso quando nem eu mesma dava nome ao que poderia ser chamado de criatividade ou algo assim. Por sinal, eu gostava tanto de escrever que na época em que estava na moda fãs escreverem para seus ídolos metros de cartinhas de amor lotadas de "Eu te amo", eu escrevi uma no mesmo formato, só que para minha mãe. Afinal, quem merecia mais do que ela?

Um belo dia, saímos juntas para comprar os benditos materiais escolares. Dias como esses eram especiais para mim, como eu já disse, e para recompensar o cansaço da bateção de pernas parávamos em uma lanchonete e comíamos o que sempre amei desde que me conheço por gente: um bom hambúrguer com muito ketchup. A essa altura você já deve saber disso.

Mas nesse belo dia o ketchup não veio na bandeja, e eu, a garotinha magrela e faladeira dentro de casa, fora dela me transformava num "bicho do mato", ainda mais quando precisava interagir com as pessoas. Não lembro bem como me sentia, mas sei que esse acanhamento exacerbado era apenas um reflexo de algo que me acompanhava sempre que eu tinha que enfrentar o mundo externo. Essa vergonha (que também pode ser lida como silenciamento associado ao racismo estrutural) me atrapalhava. Eu não conseguia sorrir ou me expressar. Tinha vontade de me esconder e, conforme eu ia crescendo, isso foi ficando cada vez mais difícil, até porque eu estava quase tão alta quanto minha mãe.

Mas voltando ao ketchup, ele não estava na bandeja. E minha mãe percebeu meu incômodo. Foi quando eu virei para ela e pedi que pegasse o molho com a atendente. Ela só disse: "Vai você. Não é você que adora falar pelos cotovelos em casa? Se quiser ketchup, vai lá e fala com a moça. Eu não posso falar por você". Me lembro como se fosse hoje: me levantei da cadeira, fui em direção à atendente e falei que queria ketchup. Ela, solícita, me deu prontamente o molho. Eu, além de um "muito obrigada", puxei papo com ela sobre algum assunto de que não me lembro. Mas sei que quando voltei, minha mãe estava toda orgulhosa: "Viu como você sabe falar com as pessoas? Use isso a seu favor". Sem talvez se dar conta, minha mãe me dava ali um grande empurrão. Há pequenas atitudes que nos marcam pela vida toda.

Aquele "vai você" me impulsionou. E me ajudou mais de uma vez a encarar os reveses que me machucavam, embora hoje pareçam bobos. Pouco a pouco fui tomando a palavra e não deixando que falassem por mim. Fui vencendo a vergonha e já conseguia fingir normalidade ao falar mais alto e colocar tudo o que sentia para fora. Tem um episódio recente, que aconteceu logo que a Alice nasceu. Fui dar uma palestra para mais de 2 mil mulheres num evento de liderança feminina no sul do Brasil. Expliquei que minha filha recém-nascida havia ficado em casa com o pai e, para muitas, era inconcebível eu estar ali. Mas, ao final da minha fala, confessaram que tinham aberto mão de muitas coisas por conta do machismo estrutural e se sentiam encorajadas. Culpa dos hormônios ou não, compartilhei que eu também tinha medo de ser julgada e me senti por vezes uma péssima mãe por estar longe da minha cria. Mas algo falava mais forte no meu coração: o "vai você" da minha mãe sempre me incentiva a dar passos novos e inusitados.

Ao longo da adolescência e com essa reflexão menos óbvia na minha cabeça, fui tentando driblar meu medo de me colocar, de interagir com colegas, dançar nas aulas de educação física e falar em público (que, aliás, mesmo amando sempre me dá um frio na barriga). Esses foram os meus primeiros passos. Cheguei a ser eleita representante de turma e oradora e falei alguma coisa em todas as formaturas de que participei. Em uma delas, inclusive, estava com catapora (já havia acabado o tempo de contágio), ainda com a cara inchada. Aquela foi uma prova de fogo. Tive que driblar não só o medo de falar em público, mas o de as pessoas serem contaminadas por mim. Foi tenso, mas deu certo. Meu pai também estava lá. Ele dizia que admirava a minha forma de falar. Percebi que aquilo era uma coisa que ele também gostava muito de fazer. Certamente meu gosto por me comunicar não vem do nada. Como dizem os franceses, em um ditado de que gosto muito: "*Les chiens ne font pas le chats*" [os cachorros não fazem gatos — ou quem puxa aos seus não degenera]. Que, nesse caso, também pode ser traduzido por "Ubuntu: eu sou porque eles são".

Estou cercada de ótimos comunicadores e contadores de histórias, alguns que nem sequer conheci mas sinto que me acompanham, cada um à sua maneira, e sem eles eu não estaria aqui.

> *O que você já aprendeu a fazer e qual foi a última ferramenta de conhecimento que você adquiriu?*
> *O que isso mudou e vem mudando na sua vida?*

18. Um exercício final

A partir das perguntas que fiz e de outros pensamentos que esta leitura possa ter provocado em você, pense e escreva cinco histórias que te marcaram de alguma forma. Não precisam ser apenas coisas positivas ou importantes, mas aquelas que te provocam e se destacam na sua trajetória. Reflita sobre os motivos da sua escolha. Esse é um exercício de autoconhecimento que vai te fortalecer. Possivelmente te fará refletir e enxergar melhor detalhes que você pode estar ignorando, mas que certamente dizem muito sobre suas ações e os rumos da sua vida. Mais do que você imagina. É como pegar a folha de uma planta e observá-la com curiosidade, um exercício que César Matsumoto, um amigo meu, me propôs certa vez. Olhe com atenção, porque nas ranhuras da folha você sempre encontrará algo novo.

Agradecimentos

Fico me imaginando no discurso do Oscar. A musiquinha, com certeza, iria entrar e meu tempo acabaria. Mas como não estamos no Oscar, aproveito a folha do papel para deixar meus agradecimentos e minha inspiração para esta obra.

Agradeço a Deus, ao meu Louis, a Alice, Ana Cristina, Anna Bittencourt, Luiz Carlos, Vangler, Vilson, Verônica, Ana Paula, Mayara. À minha afilhada Fernanda Monteiro. Ao meu tio Eduardo, meu primo Gabriel e minha tia Irene. Aos meus sogros, Isabelle e Michel. Ao time Riff de agentes literários, a Dani Duarte, minha editora, a todo o time da Companhia das Letras, ao meu time ID_BR (Instituto Identidades do Brasil), aos meus amigos da Conspiração, aos meus ancestrais, muitos dos quais não sei o nome mas reconheço que me fortaleceram até aqui, e a todos os trabalhadores essenciais na pandemia que marcaram uma época e fizeram o mundo girar quando um vírus fez tudo parar.

Viu? Nem foi tão longo assim...

Notas

1. BUBI [pp. 13-22]

1. A favela da Praia do Pinto ficava localizada nos bairros do Leblon e da Lagoa, uma das áreas mais valorizadas do Rio de Janeiro. No final dos anos 1960, a favela se tornou alvo de uma campanha de erradicação, coordenada pelo governo militar e pelo governo do estado da Guanabara. Em 11 de maio de 1969, enquanto aconteciam os preparativos para a remoção dos moradores para outros bairros, houve um incêndio que deixou quase 10 mil moradores desabrigados, o que acelerou os trabalhos de remoção da população para conjuntos habitacionais em Cordovil, Cidade de Deus, Cruzada São Sebastião e abrigos da Fundação Leão XIII.

2. Mario Sergio Brum, "Memórias da remoção: O incêndio da Praia do Pinto e a 'culpa' do governo". Disponível em: <www.encontro2012.historiaoral.org.br/resources/anais/3/1339790201_ARQUIVO_MemoriasdaRemocaoABHO2012.pdf>. Acesso em: 2 set. 2021.

5. OS SINOS DA PENHA [pp. 50-9]

1. Basílica Santuário de Nossa Senhora da Penha de França.
2. Desde abril de 1998, passou a ser a paróquia Santo Expedito.
3. Ver Aydano André Motta e Cláudia Silva Jacobs, "País registra cada vez mais agressões e quebras de terreiros". *Superinteressante*, 2 fev. 2018. Segundo levantamento da *Gênero e Número* e do *data_labe*, 59% do total de casos de intolerância registrados pelo Disque 100, entre 2011 e 2018, eram referentes a religiões como

a umbanda e o candomblé. Entre os agressores, 56% eram brancos. Em 2018, segundo a Secretaria Estadual de Desenvolvimento Social e de Direitos Humanos, especificamente no Rio de Janeiro, 72% dos casos de violência religiosa foram contra as fés de matriz africana. Ver ‹www.generonumero.media/terreiros-na--mira/›. Acesso em: 15 maio 2021.

4. "Crivella pede perdão por trechos de livro em que critica católicos, homossexuais e religiões africanas". *Folha de S.Paulo*, 16 out. 2016; Mário Augusto Jakobskind, "Crivella não assume que pregava ideologia colonial na África". *Brasil de Fato*, 18 out. 2016.

9. PARA ALÉM DO ESPELHO [pp. 93-101]

1. Sigla de Coordenação de Aperfeiçoamento de Pessoal de Nível Superior, fundação vinculada ao Ministério da Educação que atua na expansão e na consolidação da pós-graduação em todos os estados do país. Já o Ciência sem Fronteiras é uma iniciativa federal, levada adiante pelos ministérios da Ciência, Tecnologia e Inovações e da Educação em conjunto com o Conselho Nacional de Desenvolvimento Científico e Tecnológico (CNPq) e a Capes. O Ciência sem Fronteiras tem como objetivo a formação de estudantes nas melhores universidades e instituições de pesquisa estrangeiras. Ver ‹www.gov.br/capes/pt-br›. Acesso em: 20 maio 2021.

10. SIM, NÓS PODEMOS [pp. 102-10]

1. Festa voltada para a população LGBTQIA+ como uma oportunidade de lutar contra a falta de acesso ao tradicional baile estudantil heteronormativo realizado no fim do ensino médio nos Estados Unidos.

2. A NCORE é um dos principais fóruns de debate sobre questões de raça e etnia no ensino superior norte-americano, oferecendo workshops, palestras, cursos etc., nos quais convidados de todo o país compartilham seu conhecimento e experiência.

12. EMPREENDEDORISMO, UMA JORNADA NADA FOFA [pp. 122-31]

1. Cooperativa de Trabalho Artesanal e de Costura da Rocinha, no Rio de Janeiro, que há quase quarenta anos se dedica ao artesanato têxtil com artesãs da

comunidade. Desde 2018, a Coopa-Roca passou a integrar artesãs de outras áreas da cidade do Rio de Janeiro, promovendo o fortalecimento econômico de mulheres. Ver <www.coopa-roca.com.br/>. Acesso em: 20 jun. 2021.
2. Disponível em: <www.youtube.com/watch?v=MuOE3IJZoZU>. Acesso em: 20 jun. 2021.

14. UM SONHO COM DATA [pp. 141-46]

1. Desde 2003, o Instituto Ethos publica o "Perfil social, racial e de gênero das 500 maiores empresas do Brasil e suas ações afirmativas", um mapeamento de ações voltadas para a inclusão social nas companhias. Comparando os resultados de diferentes edições da pesquisa, eles identificaram que, caso o ritmo se mantenha, a igualdade racial no ambiente de trabalho só será alcançada em 150 anos, e a de gênero em oitenta anos. Ver <ethos.org.br>. Acesso em: 20 jun. 2021.

15. CATORZE HORAS [pp. 147-53]

1. Luana Genót, "Sobre 130 anos, maternidade, Alice, Sabotage e privilégios". *Mundo Negro*, 13 maio 2018. Disponível em: <www.mundonegro.inf.br/sobre-130--anos-maternidade-alice-sabotage-e-privilegios/>. Acesso em: 20 jun. 2021.
2. Dirigido por Eduardo Chauvet, lançado em 9 de agosto de 2013.

16. PIVOTANDO NA PANDEMIA [pp. 154-61]

1. "Pesquisa Saúde Financeira de Mulheres Negras — Covid-19". Ver: <simaigualdaderacial.com.br/site/wp-content/uploads/2020/04/Pesquisa-Mulheres--Negras.pdf>. Acesso em: 20 jun. 2021.
2. Diego Viñas, Pedro Duran e Júlia Carvalho, "Morrem 40% mais negros que brancos por coronavírus no Brasil". Disponível em: <www.cnnbrasil.com.br/saude/2020/06/05/negros-morrem-40-mais-que-brancos-por-coronavirus-no--brasil>. Acesso em: 20 jun. 2021.
3. Segundo campanha da ONU lançada no Brasil em 2017.

ESTA OBRA FOI COMPOSTA PELA ABREU'S SYSTEM EM INES LIGHT
E IMPRESSA EM OFSETE PELA LIS GRÁFICA SOBRE PAPEL PÓLEN SOFT
DA SUZANO S.A. PARA A EDITORA SCHWARCZ EM NOVEMBRO DE 2021

A marca FSC® é a garantia de que a madeira utilizada na fabricação do papel deste livro provém de florestas que foram gerenciadas de maneira ambientalmente correta, socialmente justa e economicamente viável, além de outras fontes de origem controlada.